瓜飯樓藏明青花瓷

瓜飯樓外集　第六卷

馮其庸　藏録

商務印書館

圖書在版編目(CIP)數據

瓜飯樓藏明青花瓷/馮其庸藏録.—北京:商務印書館,2024
(瓜飯樓外集)
ISBN 978-7-100-23078-0

Ⅰ.①瓜… Ⅱ.①馮… Ⅲ.①青花瓷(考古)—中國—明代—圖録 Ⅳ.①K876.32

中國國家版本館 CIP 數據核字(2023)第 185603 號

特邀編輯:魏靖宇　魏　寧
攝　　影:汪大剛　甘永潔
版式設計:姚偉延　張晶晶

瓜飯樓外集
第六卷
瓜飯樓藏明青花瓷
馮其庸　藏録

商 務 印 書 館 出 版
(北京王府井大街 36 號　郵政編碼 100710)
商 務 印 書 館 發 行
北京雅昌藝術印刷有限公司印刷
ISBN 978-7-100-23078-0

2024 年 1 月第 1 版　　開本 710×1000　1/8
2024 年 1 月北京第 1 次印刷　　印張 28½
定價:780.00 元

瓜飯樓外集

署中百歲

题签 姚奠中

瓜飯樓外集

顧　問　謝辰生　鄭欣淼　王炳華　王文章

主　編　馮其庸

助　編　高海英

《瓜飯樓外集》總序

我剛出了《瓜飯樓叢稿》，現在又着手編《瓜飯樓外集》，其原因是我的研究方法和研究習慣，都是先從調查每一個專題的歷史資料開始的，如我在講中國文學史的時候，就思考中國原始文化的形成和綜合的過程，因此我調查了全國各地重要的新石器時代文化遺址以及若干先秦、漢、唐時代的文化遺址，在調查中，獲得了不少原始文化資料。一九六四年八月，我隨人民大學的『四清』工作隊到陝西長安縣參加『四清』工作，我被分派在長安縣南堡寨，想不到在那裏我與周宏興同志一起，發現了一個規模極大的原始文化遺址（方圓十多華里），采集到大量的原始陶器、骨器等等，之後我們報告了陝西省考古所，也寫了一份考古報告，報告直到『文革』結束後纔在《考古》雜誌上發表，編輯部的人説由非考古人員寫一份合格的考古報告，這還是第一次。我們帶回的實物，蘇秉琦、郭沫若等專家都看過并認同了。由於愛好，我也從各地的文物市場獲得一些與我的研究課題有關的資料。我的不少原始陶器和彩陶，周、秦、漢、唐的瓦當、陶俑等，就是這樣逐漸積纍起來的。

我在考察中國佛教造像時，也陸續獲得了一批從北魏到唐宋的石刻造像和金銅造像。我爲什麽會重視并喜愛這些造像呢？我讀高一時，美術老師給我們講西洋雕塑怎麽怎麽好，怎麽怎麽偉大，我就奇怪中國爲什麽没有雕塑，後來我到了敦煌、麥積山、炳靈寺、雲岡、龍門，我纔知道我們中國的雕塑如此輝煌，更後來秦始皇陵兵馬俑被發現了，這是震驚世界的發現，它證明我們的雕塑不僅豐富偉大，而且遠遠早於西方，我認爲我們的美術史家應該寫出一部新的中國雕塑史來，因此我想力所能及地爲他們搜集一些散落的資料，而且我也真是搜集到了一些，這就是收在這部外集裏的石刻造像和金銅佛像。

我從小就喜歡刻印，因此一直留心這方面的實物，在『文革』中，在地安門的一家文物商店裏，就先後買到了陳曼生、楊龍石等人的印章，我從各地買到的戰國到秦漢的印章約有六十多枚，我還在新疆和田買到了幾方西部的印章。

由於我特別喜歡篆刻，所以篆刻界的前輩和朋友，也都不斷爲我治印，因此我還積纍了一批現當代名家的刻印。

我還重視古代的石刻墓誌，因爲這是歷史書籍以外的史料，即使是這個人在史書中有所記載，也未必會有這個人的墓誌詳細。古人往往將墓誌稱爲『諛墓文』，意思是説墓誌上總是説好話贊揚的多，這種説法也不是没有道理。但是要區別清楚，一般説好話都是贊揚性的空話居多，如要考證這個人的實際官職之類的歷史事實，墓誌也不至於虚構編造，所以我比較重視墓誌，先後得到了一批重要的墓誌銘，其中特別是一件九十四厘米見方的唐狄仁傑族孫的墓誌銘，尤爲難得。此外還得到一批民間各式各樣的墓誌，使我們對墓誌的瞭解大大豐富了。

『文革』期間，一九七二年，我家鄉挖河，挖出來一個墓葬，墓是明代正德九年（一五一四）的，尸體和衣服完全未腐爛，但發現腦袋是被砍的，死者胸前掛一個黄布口袋，口袋裏裝一份文書，我侄子馮有責把它寄給了我，原來是一份皇帝的『罪己詔』。我將此詔送給故宫博物院，結果故宫博物院的兩派正在武鬥，無人管這件事，又拿了回來，我仍舊保存着。前些年終於無償地捐贈給第一歷史檔案館了。據檔案館的朋友告訴我，皇帝的『罪己詔』實物，全國只此一件。

一九七三年，我家鄉又挖出來一批青銅器，最大的一件銅鑒，有長篇銘文，還有二件銅豆也有同樣的銘文，還有二件無銘文。後來我的侄子馮有責告訴了我，并用鉛筆拓了幾個銘文給我看，我初步看出是楚器，銘文也大體能識，我即拿到故宫去找唐蘭先生，唐先生是我老師王蘧常先生的同學好友，我一九五四年剛到北京時，由王蘧常老師作書介紹，第一個就是拜見他，以後也一直有聯繫。唐老看到了我拿去的銘文粗拓件，也肯定是楚器，并囑我想法把它拿到北京來。這事被耽擱了一段時間，最後拿到北京時，唐老已不幸去世了。事後不少專家研究了這個銅鑒，是戰國春申君的故物，根據銘文命名爲『鄵陵君鑒』。那時還在『文革』後期，我怕被紅衛兵來砸掉，就告訴南京博物院的姚遷院長。姚院長十分重視，除親自來看過外，還專門派了三個人來取。還一定要付給我錢，我堅決辭謝了，我説我是無償地捐獻給祖國，只要您給我一個收條，我好向家鄉交待。姚院長終於接受了我的意見。現在這批青銅器（共五件）一直被珍藏在南京博物院。

我還喜歡瓷器，也陸續收集積累了一些，但我收集的是民窑，我欣賞民間藝術，民窑也是民間藝術的一種。我在朋友的幫助下，陸續收集到了一批青花瓷，其中明青花最多。我把民間青花上的紋飾，比作是文人隨意的行書和草書，其行雲流水之意和具象與抽象交合的意趣是官窑所没有的。

我還特别喜歡紫砂器物，二十世紀五十年代初，宜興紫砂廠在無錫有一個出售紫砂壺的店面，那時顧景洲先生常來，我就是在那裏認識他的。之後我常到宜興去看顧老（那時他纔四十多歲，我還不到三十歲），因此認識了高海庚、周桂珍、徐秀棠、汪寅仙、蔣蓉等紫砂大師，我還常給他們在壺上題字。我到北京後，顧老和高海庚也常到北京來，只要他們來，就會來看我。這樣我也陸續收藏了一批紫砂壺，也在文物商店買到過陳曼生等的一些老壺，當時都由顧老爲我鑒定。現在連同他們送給我的茶壺也一并收入本集。

我最早認識明式傢具的藝術價值，是受老友陳從周兄的影響，我倆都是王蘧常先生的學生，他比我年長，他是古典園林專家，又是書畫家，他特别重視明式傢具，爲此他還爲美國大都會博物館設計了一座『明園』，從建築材料到傢具陳設和園中的假山，全都是明代的，連題字也是用的明代書畫家文徵明的字，我一九八一年去美國講學時還專門去看過，所以我對明式傢具的理解和愛好，最早是受從周兄的影響。

之後，我又認識了王世襄先生，記得在『文革』前和『文革』中，他常提着一個小包到張自忠路我宿舍旁的張正宇先生家來，張正宇先生是工藝美術大師，可以説是無所不通。尤其是他的書法真是出神入化，既傳統而又創新。王世襄先生也常常拿着他的書法來向張老請教。而王老對於明式傢具的收藏和研究，在當時是無出其右的。我到王老家去，看到他屋裏堆滿了明式傢具，連自己住的地方都没有，往往就睡在舊傢具上。我於自然之間，也就受到了他的影響，後來又獲交陳增弼先生，他也是明式傢具的專家、收藏者和研究者。二十世紀七十年代我去揚州調查有關曹雪芹祖父曹寅的事，碰巧揚州發掘廣陵王墓，其外椁全是西漢的金絲楠木，每塊長五米有餘，寬有一米多，厚約四十厘米，而且一面是鮮紅的紅漆，一面是黑漆。當時政府就用這些木板作爲民工的工錢發給老百姓，老百姓拿來出售，我就買了一批，後來朋友幫我運到了北京，一擱就是十幾二十年。有一次偶然被陳增弼兄看到了，他大爲稱贊這批木料，説由他來設計一套明式傢具，用這批金絲楠木來做，那會舉世無雙。不幸陳兄突患癌症去世了，但這個計劃却由他的高足苑金章繼承下來了。苑金章兄親自設計并帶領一批人製作，一晃至今已五年有餘，共成三十六件。我看了真是眼花繚亂，原來一塊塊塵土滿身的木板，不想做成傢具後，式樣典雅大氣，而且金光閃閃，異香滿室，真讓我覺得心曠神怡。

在這部《瓜飯樓外集》裏，我還收了《瓜飯樓藏王蘧常書信集》一卷，和《瓜飯樓師友録》三卷。王蘧常先生和錢仲聯先生都是我的終身老師。王先生的章草，是舉世無雙的，日本人説『古有王羲之，今有王蘧常』。他給我的信很多，特别是他九十歲那年，特意爲我寫了十八封信，名曰《十八帖》。没有想到我到上海去拜領了這部《十八帖》後回到北京，只過了五天，他就突然仙逝了。所以這部《十八帖》也就成了他的絶筆。現將這部《十八帖》和他給我的書信、書法單獨結成一集。

錢仲聯先生也是我的終身老師，從一九四六年拜他爲師後，向他問學一直未間斷，他去世前不久，還寫了一首七百字的長詩贈我。寫完這首詩，他喘口氣説：『現在我再也没有牽掛了！』現把他給我的信一并收在《瓜飯樓師友録》裏。《瓜飯樓師友録》裏還有許多前輩和同輩的信，如蘇局仙、郭沫若、謝無量、唐蘭、劉海粟、朱屺瞻、季羡林、任繼愈先生等等。年紀小的學生一輩以下的信因爲篇幅所限，無法盡收，十分遺憾。

這部集子裏，我還收了我的兩部攝影集，一部是玄奘取經之路的專題，另一部是大西部的歷史文化風光的攝影。我前後去陝西、甘肅、寧夏、新疆等地十多次，登帕米爾高原三次，穿越塔克拉瑪干大沙漠二次，入羅布泊、樓蘭、龍城、白龍堆、三隴沙一次。最後一次，在大沙漠中共十七天，既考明了玄奘往返印度取經的國内路綫，也飽賞了帕米爾高原和羅布泊、樓蘭、龍城、白龍堆等大漠的風光，而且我把這些經歷都攝入了鏡頭，這既是我的重要實地調查記録，也是世所罕見的西域風光的實録。

我從小就喜歡書法和繪畫，一直是自學。一九四三年在無錫城裏意外遇見了大畫家諸健秋先生，他十分稱贊我的習作山水，要我到他的畫室去看他作畫，他説『看就是學』。這樣，我就在他的畫室裏前後看了一年，但我上完高一就又失學了，離開了無錫也就看不到諸老作畫了。但諸老的教導我一直默記在心。平時因事忙，我只作一些花卉之類的簡筆，書法的學習則是從小學到高中一直到後來上無錫國專都未間斷。日後也不斷作書法。一九九六年我離休以後，有了時間，就開始認真地作山水，而且我一直喜歡宋元畫，所以也用功臨摹宋元畫。但令我最爲動心的大西部山水，尤其是古龜茲國（庫車）的山水，我則另創別法，用重彩乾筆來表現。我先後開過多次書畫展，出過多次畫册。現在我把這些作品，包括近幾年來的新作和書法，一并編入本集，也算是我在文章以外的另一類學術與藝術的綜合。也許，將這個《外集》和《内集》（《瓜飯樓叢稿》）合起來看，可以看到我在學術和藝術方面比較完整的一個基本面貌，也可以看到我畢生的全部興趣所至。但是我要説明，我不是文物收藏家，我收藏這些東西都是爲了研究，當然也是由於愛好。因爲我收集這些東西主要是爲了學術研究，所以我收集的東西并不一定都有很高的文物價值和經濟價值，但是它却有珍貴的史料價值和認識價值。例如在討論新出土的『曹雪芹墓石』時，否定的一派認爲墓誌銘都有一定的規格，多大多小都有規定。這聽起來好像有道理，實際上這是混淆事實。墓誌銘的官方規定，雖有其事，但却只限於做官的，對一般普通老百姓，有誰來管你這些事？曹雪芹抄家後早已淪爲一介貧民，死時連棺材都没有，還有誰來按什麽規格刻墓誌銘呢？這不過是一塊普通的未經細加工的毛石，鑿『曹公諱霑墓』『壬午』幾個字，只是用作標誌而已。爲了證實普通老百姓的墓誌銘是各式各樣的，將我收到的，如有的是陶盤的墓誌銘，有的是瓷器盤子做的墓誌銘，有青花瓷的墓誌銘，有一塊只有一本普通書本大小的青花釉裏紅墓誌銘，有兩塊磚刻的四方的墓誌銘，還有一塊用硃筆寫在磚上的墓誌銘，都收在我的書裏。它不一定有多大的經濟價值，但它却有珍貴的認識價值和歷史價值。

不論是文章也好，還是藝術也好，還有其他也好，我覺得人的追求是永無止境的。古人説『學無止境』，確實如此。這也就是説，無論你是寫文章做學問也好，無論你是創作藝術也好，還是追尋歷史，進行考古也好，始終都是『無止境』的。因此，人永遠在征途中，永遠在追求中，千萬不可有自我滿足的感覺。『自滿』也就是『自止』。人到了自止，也就是停止了。我喜歡永遠讓自己在征途中，在學問的探索中，在藝術的創意中！杜甫説：『大哉乾坤内，吾道長悠悠！』杜甫説得多好啊！

二〇一三年四月四日，農曆癸巳清明節晚十時於瓜飯樓，時年九十又一

凡例

一、本書所收各類藏品，均係編者個人所藏。

二、本書所收郲陵君鑒等五件藏品，已無償捐贈給南京博物院，正德《罪己詔》已無償捐贈給第一歷史檔案館。現所用圖片，爲以上兩家攝贈。

三、本書所收古代碑刻拓片、墓誌等，均有録文，并加標點，録文一般采用通行繁體字，但碑上的俗寫字，一律采用原字。

四、本書所收古印，最具特色的是新疆和田的古代動物形象印，爲稀見之品。

五、本書所收墓誌銘，除官方的墓誌外，還收了一部分民間墓誌，以示兩者的區别。民間墓誌無官方規定，各式各樣，有青花瓷特小的墓誌，有陶盤墓誌，有瓷碗墓誌，還有磚質硃書墓誌等，且各具地方特色。

六、本書所收師友書信，時間限於藏主同輩。藏主的學生和年輕友人的書信，限於篇幅，未能收入。

七、本書各卷，專題性强，故特邀各項專家任特邀編輯，以使本書得到更好的編録。

八、本書所收藏品，除藏主的書畫外，以前均未結集出版。

寬堂謹訂

二〇一五年九月十五日

《瓜飯樓外集》總目

一　瓜飯樓藏文物録　上
二　瓜飯樓藏文物録　下
三　瓜飯樓藏印
四　瓜飯樓藏墓誌
五　瓜飯樓藏漢金絲楠明式傢具
六　瓜飯樓藏明青花瓷
七　瓜飯樓藏紫砂壺
八　瓜飯樓師友録　上
九　瓜飯樓師友録　中
一〇　瓜飯樓師友録　下
一一　瓜飯樓藏王蘧常書信集
一二　瓜飯樓攝玄奘取經之路
一三　瓜飯樓攝西域録
一四　瓜飯樓書畫集
一五　瓜飯樓山水畫集

目録

自序……一
引言……魏靖宇 三

瓜飯樓藏明青花瓷

001 明 正統 青花雲氣紋罐……七
002 明 正統 青花雲氣紋碗……八
003 明 正統—景泰 青花雲氣紋碗……九
004 明 正統—景泰 青花纏枝花紋碗……一〇
005 明 正統—景泰 青花雲氣紋碗……一一
006 明 正統—天順 青花海水雲氣紋碗……一二
007 明 正統—天順 青花海水雲氣紋碗……一三
008 明 正統—天順 青花結帶繡球『昌』字紋碗……一五
009 明 正統—天順 青花結帶繡球『福』字紋碗……一六
010 明 正統—天順 青花『福』字碗……一九
011 明 正統—天順 青花壽山福海樓閣紋碗……二〇
012 明 景泰—天順 青花纏枝蓮紋碗……二二
013 明 景泰—天順 青花纏枝蓮紋碗……二三
014 明 景泰—天順 青花纏枝蓮紋碗……二四
015 明 景泰—天順 青花雲氣紋碗……二五
016 明 天順—成化 青花犀牛望月紋盤 一對……二六
017 明 成化—弘治 青花菊紋碗……二七
018 明 成化—弘治 青花纏枝蓮紋碗……二八
019 明 成化—弘治 青花纏枝雜寶紋碗……二九
020 明 成化—弘治 青花龜背紋碗……三〇
021 明 成化—弘治 青花蓮池紋碗……三一
022 明 弘治 青花高士人物紋碗……三二
023 明 弘治 青花高士郊游紋碗……三四

024　明　弘治　青花壽星人物紋盤……三五
025　明　弘治　青花携琴訪友人物紋碗……三六
026　明　弘治　青花携琴訪友舟渡人物紋碗……三九
027　明　弘治　青花高士出游人物紋碗……四〇
028　明　弘治　青花折枝花鳥紋碗　一對……四三
029　明　弘治　青花蘆雁紋碗……四四
030　明　弘治　青花蘆雁紋碗……四六
031　明　弘治　青花束荷紋碗……四七
032　明　弘治　青花松竹梅奇石紋碗……四八
033　明　弘治　青花魚紋碗……五一
034　明　弘治　青花魚藻紋盤……五二
035　明　弘治—正德　青花蓮紋碗……五三
036　明　弘治—正德　青花秋葵月華紋碗……五五
037　明　弘治—正德　青花蝴蝶紋碗……五六
038　明　弘治—正德　青花折枝松鶴紋碗……五八
039　明　弘治—正德　青花獅子繡球紋葵口盤……五九
040　明　弘治—正德　青花樹石欄杆紋盤　一對……六一
041　明　弘治—正德　青花松鶴紋折腰盤……六二
042　明　弘治—正德　青花犀牛望月折腰盤……六三
043　明　弘治—正德　青花折枝花紋罐……六四
044　明　正德　青花蕉葉紋碗……六五
045　明　正德　青花奔馬紋碗……六七
046　明　正德　青花松竹梅石紋盤……六八
047　明　正德　青花麻姑獻壽人物紋盤……六九
048　明　正德　青花獅子繡球紋盤……七〇
049　明　正德　青花折枝菊紋蓋罐　一對……七二
050　明　正德　青花折枝菊紋蓋罐　一對……七三
051　明　正德　青花纏枝蓮紋蓋罐……七四
052　明　正德　青花雲肩紋蓋罐……七五
053　明　正德　青花花卉紋碗……七六
054　明　正德　青花雲氣紋碗……七七
055　明　正德　青花萊菔紋碗……七八
056　明　正德　青花纏枝雜寶紋碗……七九
057　明　正德　青花纏枝蓮紋碗　一對……八〇
058　明　正德　青花松竹梅奇石紋碗……八二
059　明　正德　青花松竹梅奇石紋碗……八三
060　明　正德　青花菊紋碗……八四
061　明　正德　青花月影梅花紋碗……八五
062　明　正德　青花躍魚紋碗……八六
063　明　正德　青花獅紋蓋罐……八七
064　明　嘉靖　青花嬰戲人物紋碗……八八
065　明　嘉靖　青花高士人物紋碗……九〇

编号	名称	页码
066	明 嘉靖 青花高官厚禄人物纹碗 一对	九一
067	明 嘉靖 青花"大明年造"款鹰纹碗	九三
068	明 嘉靖 青花缠枝牡丹纹碗 一对	九四
069	明 嘉靖—万历 青花云纹碗	九五
070	明 嘉靖—万历 青花狮子绣球纹碗 一对	九七
071	明 嘉靖—万历 青花缠枝花卉纹碗 一对	九八
072	明 嘉靖—万历 青花松竹梅纹碗	一〇一
	明 嘉靖—万历 青花"富贵佳器"款 花卉纹碗 一对	
073	明 嘉靖—万历 青花螭龙纹碗 一对	一〇二
074	明 嘉靖—万历 青花狮子绣球纹碗	一〇四
075	明 嘉靖晚期—万历早期 青花螭龙纹碗	一〇五
076	明 隆庆—万历 青花螭龙纹碗 一对	一〇六
077	明 隆庆—万历 青花"大明年造"款 高士人物纹盘	一〇九
078	明 隆庆—万历 青花狮子穿花纹罐 一对	一一〇
079	明 万历 青花高官拜谒人物纹碗	一一三
080	明 万历 青花青云直上人物纹碗	一一四
081	明 万历 青花高士出游人物纹碗	一一六
082	明 万历 青花狮子绣球纹碗 一对	一一七
083	明 万历 青花海马狮子纹碗	一一八
084	明 万历 青花花鸟纹碗	一二一
085	明 万历 青花兰石纹碗	一二二
086	明 万历 青花花卉纹碗	一二四
087	明 万历 青花瓜果纹瓜棱盖罐 一对	一二六
088	明 万历 青花缠枝菊纹盖罐 一对	一二八
089	明 万历 青花"美器"款螭龙纹碟	一二九
090	明 万历 青花花鸟纹碗	一三〇
091	明 万历 青花花鸟纹碗	一三三
092	明 万历 青花花鸟纹碗	一三四
093	明 万历 青花一路连科纹碗	一三五
094	明 万历 青花一路连科纹碗 一对	一三六
095	明 万历 青花乳虎纹碗	一三八
096	明 万历 青花鹿纹碗	一三九
097	明 万历 青花水藻鱼纹碗 一对	一四〇
098	明 万历 青花人物纹罐	一四三
099	明 万历—天启 青花开光狮纹碗 一对	一四四
100	明 万历—天启 青花开光写意纹碗	一四七
101	明 万历—天启 青花龙凤纹碗	一四八
102	明 万历—天启 青花喜鹊登梅花鸟纹碗	一五〇
103	明 万历—天启 青花瓜鸟纹碗	一五一
104	明 万历—天启 青花瓜鸟纹罐	一五二
105	明 万历—天启 青花花鸟纹罐	一五四

编号	名称	页码
106	明 万历—天启 青花兰菊纹罐	一五五
107	明 万历—天启 青花花鸟纹盖罐 一对	一五六
108	明 万历—天启 青花缠枝花纹碗	一五八
109	明 天启 青花兰石纹碗	一五九
110	明 天启 青花吹箫人物纹碗	一六〇
111	明 天启 青花高士览胜人物纹碗	一六一
112	明 天启 青花兰菊纹盖罐 一对	一六二
113	明 天启—崇祯 青花凤纹碗 一对	一六三
114	明 天启—崇祯 青花万古长青文字纹碗 一对	一六四
115	明 天启—崇祯 青花山水人物纹碗	一六六
116	明 天启—崇祯 青花山水纹碗	一七〇
117	明 天启—崇祯 青花山水纹碗	一七一
118	明 天启—崇祯 青花婴戏人物纹碗	一七三
119	明 天启—崇祯 青花婴戏人物纹碗	一七四
120	明 天启—崇祯 青花婴戏人物纹碗	一七七
121	明 天启—崇祯 青花莱菔纹玉璧底碗 一对	一七八
122	明 天启—崇祯 青花莱菔纹盘 一对	一八〇
123	明 天启—崇祯 青花鹿纹方盘 一对	一八一
124	明 天启—崇祯 青花缠枝花卉纹罐	一八三
125	明 崇祯 青花兰草纹盘	一八四
126	明 晚期 青花简笔纹碗	一八五
127	明 晚期 青花简笔纹碗	一八六
128	明 晚期 青花简笔纹碗	一八七
129	明 晚期 青花简笔纹碗	一八八
130	明 晚期 青花"三"字纹碗	一八九
131	明 晚期 青花"福"字纹碗	一九〇
132	明 晚期 青花"寿"字纹碗	一九一
133	明 晚期 青花"大明成化年制"款杯 一对	一九二
134	明 晚期 青花"大明成化年制"款杯	一九三
135	明 晚期 青花花卉纹碗	一九四
136	明 晚期 青花花卉纹碗	一九五
137	明 晚期 青花龙凤纹碗 一对	一九六
138	明 晚期 青花螭龙纹碗	一九七
139	明 晚期 青花写意纹碗	一九八
140	明 晚期 青花花卉纹盖罐 一对	一九九

三峡七百里 一上一回新
——冯其庸先生的三峡情结　　　　魏靖宇 …… 二〇一

后记 …… 二〇七

自序

我喜歡明代民間青花，是二十世紀七十年代的事。有一次我因事去揚州，泰州的朋友來看我，送我一對明洪武的『福』字青花碗，我非常喜歡，後來就陸續收到一批『福』字碗，實際上從福字的書寫方式，大體可以看出『福』字碗延續的時間很長，而那對洪武『福』字碗，實際上還是元青花的風格，因爲從元末到明初，民間青花實用品的生産是不會停止的，很難分清楚政權變動時期生産上的絶對準確界限。

從這一對『福』字青花碗開始，我又陸續收到一些明代的其他民間青花。我當時并没有什麽收藏計劃，只是遇到有可收的就收而已。二十世紀八十年代，我去海南島過冬，連續去了多次，海南的朋友也都喜歡收藏瓷器，但他們收藏的都是海撈品，我所見到的大都是宋影青刻花碗，而且碗上都有長期沉海所結成的斑塊。他們送了我不少，我帶回北京也送了一些給朋友。自己留的一些，時間長了，發現碗上的斑塊逐漸可以剥落，現在我將這些藏品都收入本書的綜合卷了。

收到本卷裏的明青花，大都是老友魏靖宇兄和他的女兒魏寧近幾年從三峽爲我收集的，他們是這方面的專家，所收都是當地老百姓挖出來的。這批青花，都是明代民間用品，而且帶有地區的特色。

我喜歡民間青花，是因爲作爲歷史社會考察，民間青花可以反映社會的真實性，它的覆蓋面大，而官窑所造宫廷用品，雖然精美，但它只能代表社會的最上層，不能反映普遍的老百姓的生活，不能反映歷史的廣闊面。何况官窑青花，一器萬金，更不是一個普通的讀書人力所能及的。

我喜歡明代民間青花的另一重要原因，是民間青花的繪圖别具特色。那種狂草式的山水人物花鳥走獸，最早的源頭，只有從民間青花上去找，可能從明代還可上溯，特别是那些帶有抽象繪畫意義的畫，這一些畫史上的特殊情况，從正式的文人畫家繪畫裏是看不到的，只有民間青花上纔能看到。它究竟應該上溯到何時，只能靠中國畫史的研究專家來解决了，但它肯定是早於衆所周知的徐渭、朱耷等人。所以，明代民間青花，應該引起美術史家的充分重視，我只是作爲一個欣賞者，略抒所感而已。

二〇一三年八月三十日，寬堂九十又一於瓜飯樓

引言

魏靖宇

青花瓷是以氧化鈷爲着色劑，在潔白的瓷胎上繪畫，外施透明釉，在一千三百攝氏度左右的高温中，一次燒成的白地藍花釉下彩瓷器。青花瓷的創燒時代，有唐代和宋代之説。浙江揚州唐城遺址和龍泉縣北宋金沙塔遺址出土的所謂『唐青花』和『宋青花』瓷片，嚴格意義上講，還算不上真正的青花瓷，與景德鎮出現的元青花没有直接因果關係。青花瓷成熟於元，明代達到高峰，并成爲景德鎮明清瓷器生産的主流。特别是明代民窑青花，不僅産品數量大，品種繁多，而且以其粗狂豪放、率真質樸的風格，吉祥樂觀的審美情趣，增華飾美的紋飾，古樸幽青的色彩，受到世人特别是文人的喜愛和關注。

在以往青花瓷的研究中，歷來重視官窑輕視民窑。近些年來，收藏研究青花瓷的人越來越多。明代官窑青花，千金難求。博物館裏展出的官窑青花，只能隔着玻璃看花，可望而不可即。而民窑青花，特别是明代民窑青花，存世量大，青花瓷片隨處可得，爲明代民窑青花收藏和研究者提供了機遇和方便。在斷代與時代特征，燒造技術與藝術審美以及社會文化諸多方面，形成了專業與業餘共研的局面，出版了不少有學術價值的民窑青花瓷研究專著。民窑青花珍品在文物定級以及國家博物館收藏展出中，也受到了應有的重視，改變了以往重官輕民的現象。

瓜飯樓藏明青花瓷，大部分來自三峽地區。馮其庸先生九十高齡，對明代民窑青花瓷的興趣依然不減。得知三峽庫區因水漲水落，時有古陶瓷被水衝出散落民間，即委托我收集一些明代民窑青花，以備研究彙集出版。在不到兩年的時間裏，從庫區老百姓家中和古玩攤上收集到明代各個時期民窑青花數百件。這批明代民窑青花主要是碗、盤、罐、碟等日常生活用品。器型完整，紋飾題材廣泛。山水、人物、花鳥以及吉祥文字等無所不包。其中有些紋飾在以往出版的明代民窑青花瓷研究專著中未曾見過，十分難得。

由於青花瓷和中國畫使用的繪畫工具都是毛筆，潔白的瓷胎與生宣紙同樣具有吸水性能，而且中國畫有墨分五色之説，青花瓷使用的鈷料可配製成深淺不同的色階，也有料分五色之説，故而其韵味有如中國傳統水墨畫。民窑爲了省工省料多産，不能像官窑那樣不惜工本精心描繪。民窑畫工憑藉對生活物象的感受和長期的瓷繪實踐，一筆點劃，勾綫填色，分水渲染等技法運用自如。行筆如風馳電掣，無拘無束，盡情揮寫，一氣呵成。即使裝飾圖案也不是描出來而是寫出來的，猶如中國文人畫一樣，盡在一個『寫』字。所以明代民窑青花最大的藝術特色是書寫性和寫意性，這也是官窑青花不能相比的獨特魅力所在。

在瓜飯樓藏明青花彙集出版中，收集、鑒定、拍照以及版面安排等細節，馮老無不親自籌劃審定。近年來，先生年事已高，精力不濟，身體每況愈下。前段時間，我突然接到瓜飯樓來電，説馮老心臟病突發，醫生要求必須入院治療。我也勸馮老住院調養，以身體爲重，因爲先生年過九旬，猶孜孜不倦，夜以繼日，實在是太累了。但他仍然堅持一面做他的研究，一面在家服用心血康。他説，早年封存在家裏的資料，只有他自己纔能弄得清楚。如果住院，《瓜飯樓外集》（共十五卷）就編不下去。慨嘆之餘，我深感馮老真正是一個視事業如同生命的忠厚長者。

《瓜飯樓藏明青花瓷》的出版，是明代民窑青花瓷研究園地裏盛開的一朵新花，爲中國古陶瓷，特别是明代民窑青花的收藏與研究提供了新的實物資料。

二零一三年十月一日於雲根堂

瓜飯樓藏明青花瓷

001

明 正統 雲南玉溪窑

青花雲氣紋罐

高 30.7 厘米 口徑 16.5 厘米

足徑 16.5 厘米

002

明　正統　景德鎮窑

青花雲氣紋碗

高5.7厘米　口徑14.2厘米

足徑5.6厘米

003

明 正統—景泰 景德鎮窑

青花雲氣紋碗

高 4.7 厘米 口徑 14 厘米

足徑 5.7 厘米

004

明　正統—景泰　景德鎮窑

青花纏枝花紋碗

高 4.7 厘米　口徑 14 厘米
足徑 5.7 厘米

005

明 正統—景泰 景德鎮窑

青花雲氣紋碗

高5.8厘米 口徑14.6厘米

足徑5.7厘米

006

明 正統—天順 景德鎮窑

青花海水雲氣紋碗

高6.5厘米 口徑15厘米 足徑5.3厘米

007

明 正統—天順　景德鎮窑

青花海水雲氣紋碗

高7厘米　口徑14.8厘米

足徑6厘米

008

明 正統—天順 景德鎮窑

青花結帶繡球『昌』字紋碗

高6.8厘米 口徑14.8厘米 足徑5.6厘米

009

明 正統—天順 景德鎮窑

青花結帶繡球『福』字紋碗

高6.8厘米 口徑14.8厘米 足徑5.6厘米

010

明 正統—天順 景德鎮窑

青花『福』字碗

高4.5厘米 口徑12.7厘米 足徑4.7厘米

011

青花壽山福海樓閣紋碗

明 正統—天順 景德鎮窑

高7厘米 口徑14.8厘米 足徑6厘米

012

明 景泰—天順 景德鎮窑

青花纏枝蓮紋碗

高 6 厘米 口徑 12.6 厘米 足徑 5.2 厘米

013

明 景泰—天順 景德鎮窑

青花纏枝蓮紋碗

高6.2厘米 口徑12.8厘米 足徑5.6厘米

014

明 景泰—天順 景德鎮窑

青花纏枝蓮紋碗

高6.5厘米 口徑14.5厘米 足徑6.2厘米

015

明　景泰—天順　景德鎮窑

青花雲氣紋碗

高6厘米　口径14.6厘米

足径5.8厘米

016

明 天順—成化 景德鎮窑

青花犀牛望月紋盤 一對

高2.5厘米 口徑12.5厘米

足徑7.2厘米

017

明 成化—弘治

青花菊紋碗

高6.5厘米　口徑14.6厘米　足徑5.6厘米

018

明 成化—弘治

青花纏枝蓮紋碗

高5.6厘米 口徑12.5厘米

足徑4.3厘米

019

青花纏枝雜寶紋碗

明 成化—弘治

高6.5厘米 口徑14.5厘米

足徑5.2厘米

020

明 成化—弘治 景德鎮窑

青花龜背紋碗

高7厘米 口徑15厘米

足徑5.7厘米

021

明 成化—弘治 景德鎮窑

青花蓮池紋碗

高 5.8 厘米 口徑 14.6 厘米

足徑 5.7 厘米

022

明 弘治

青花高士人物紋碗

高6.5厘米　口徑13.1厘米

足徑5.6厘米

023

明 弘治

青花高士郊游紋碗

高6.8厘米 口徑14.5厘米

足徑4.8厘米

024

明 弘治

青花壽星人物紋盤

高3.5厘米 口徑11.1厘米

足徑4厘米

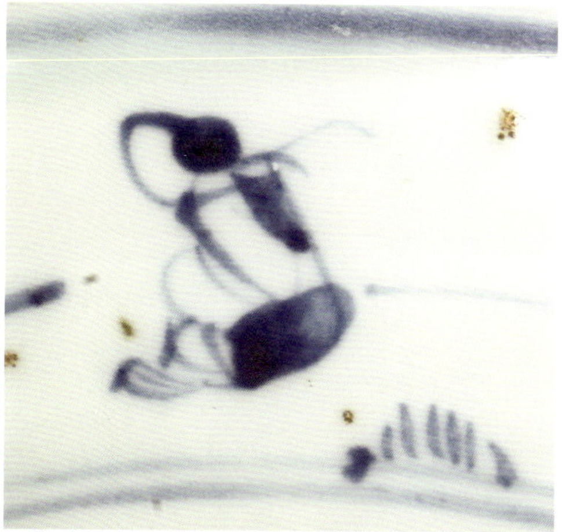

025

明 弘治

青花攜琴訪友人物紋碗

高5.8厘米　口徑15厘米　足徑6厘米

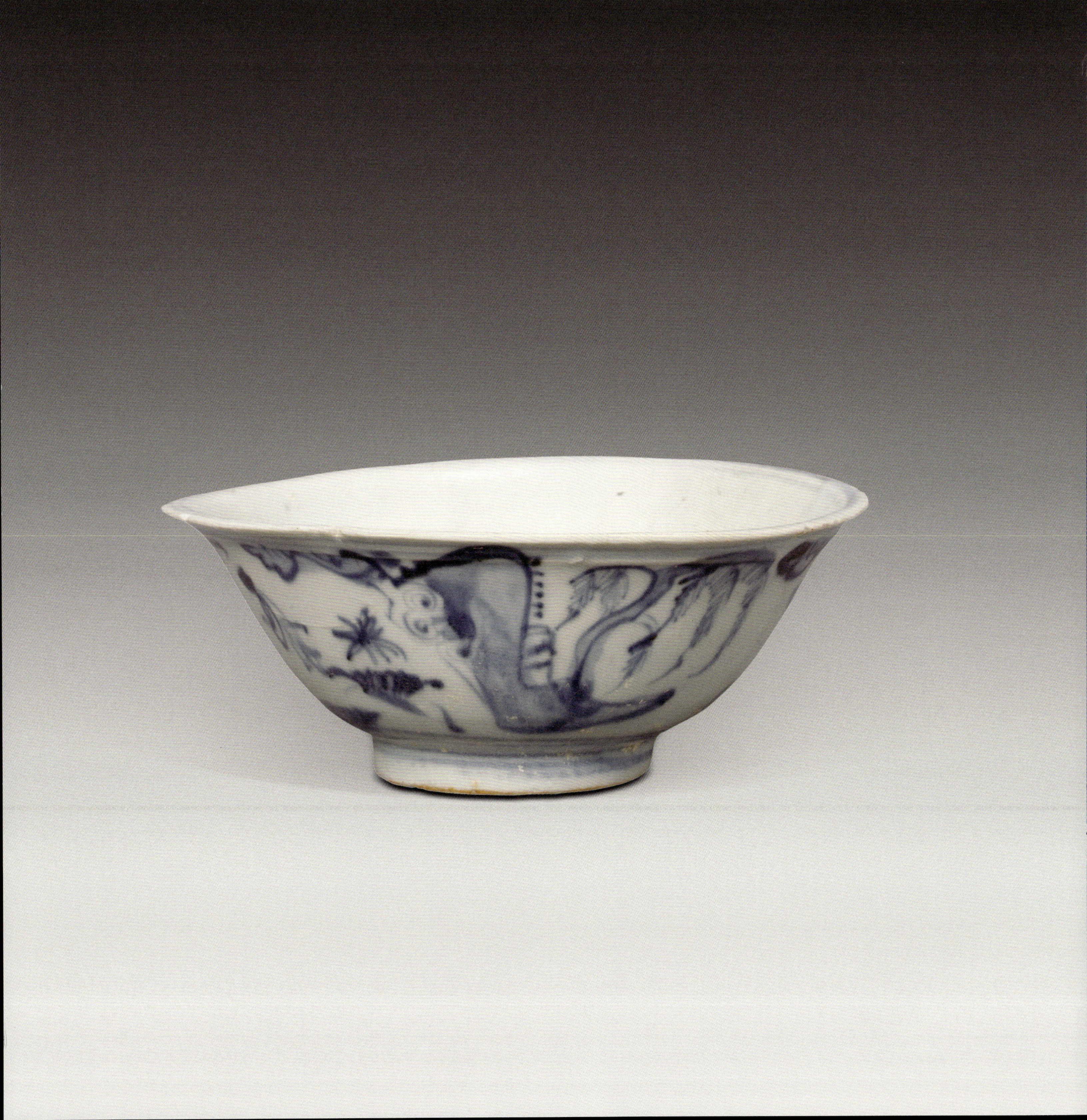

026

明 弘治

青花携琴訪友舟渡人物紋碗

高5.5厘米　口徑13.8厘米　足徑5.6厘米

027

明 弘治

青花高士出游人物紋碗

高6.8厘米 口徑14.2厘米 足徑5.5厘米

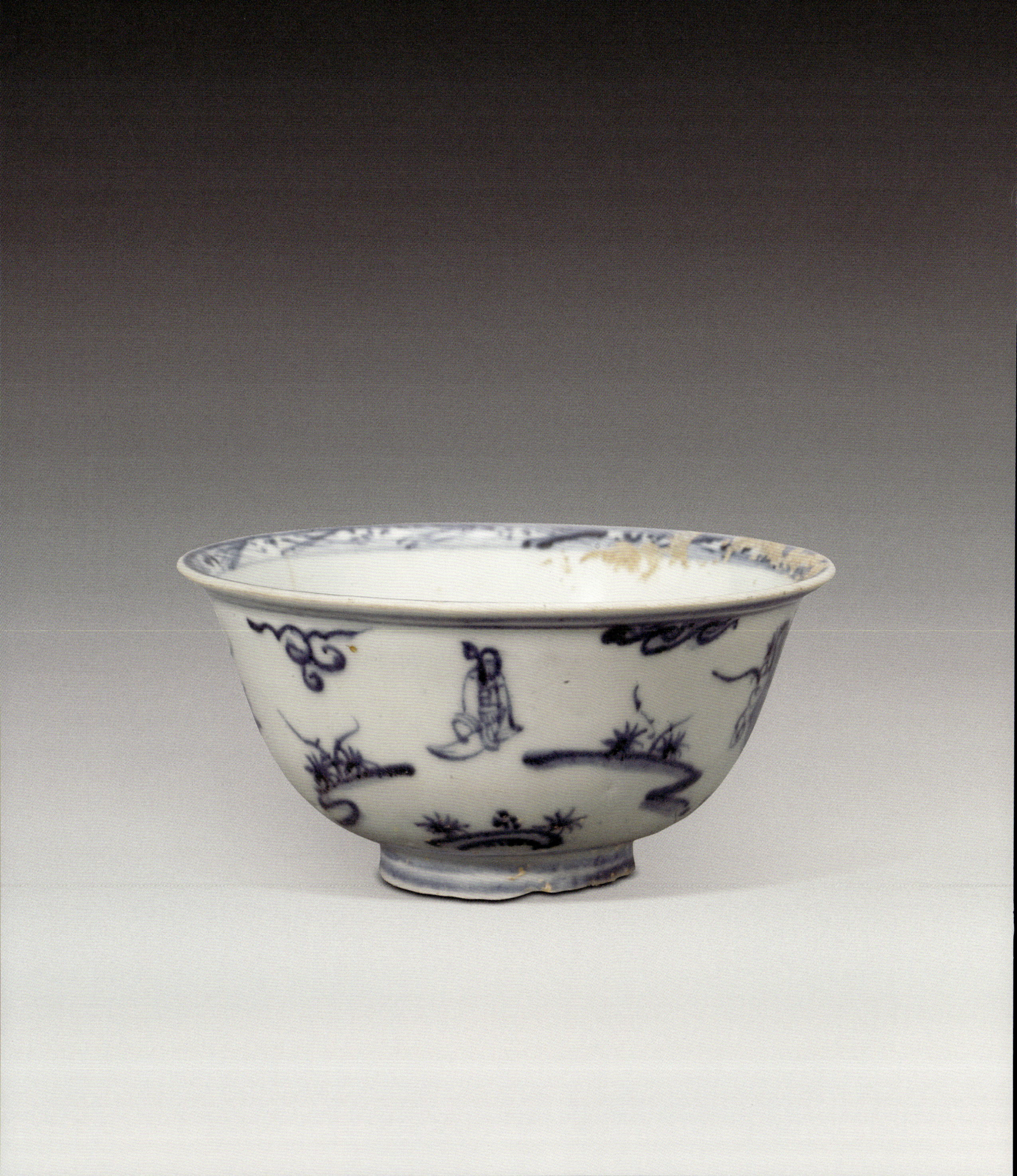

028

明　弘治

青花折枝花鳥紋碗　一對

高6.5厘米　口徑14.7厘米

足徑6厘米

029

明 弘治

青花蘆雁紋碗

高5.2厘米 口徑15厘米 足徑5.4厘米

030

明 弘治

青花蘆雁紋碗

高5厘米 口徑15.4厘米

足徑6.3厘米

031

明　弘治　景德鎮窑

青花束荷紋碗

高 7 厘米　口徑 14.8 厘米

足徑 5.8 厘米

032

青花松竹梅奇石紋碗

明 弘治 景德鎮窑

高6厘米 口徑14.5厘米

足徑5.8厘米

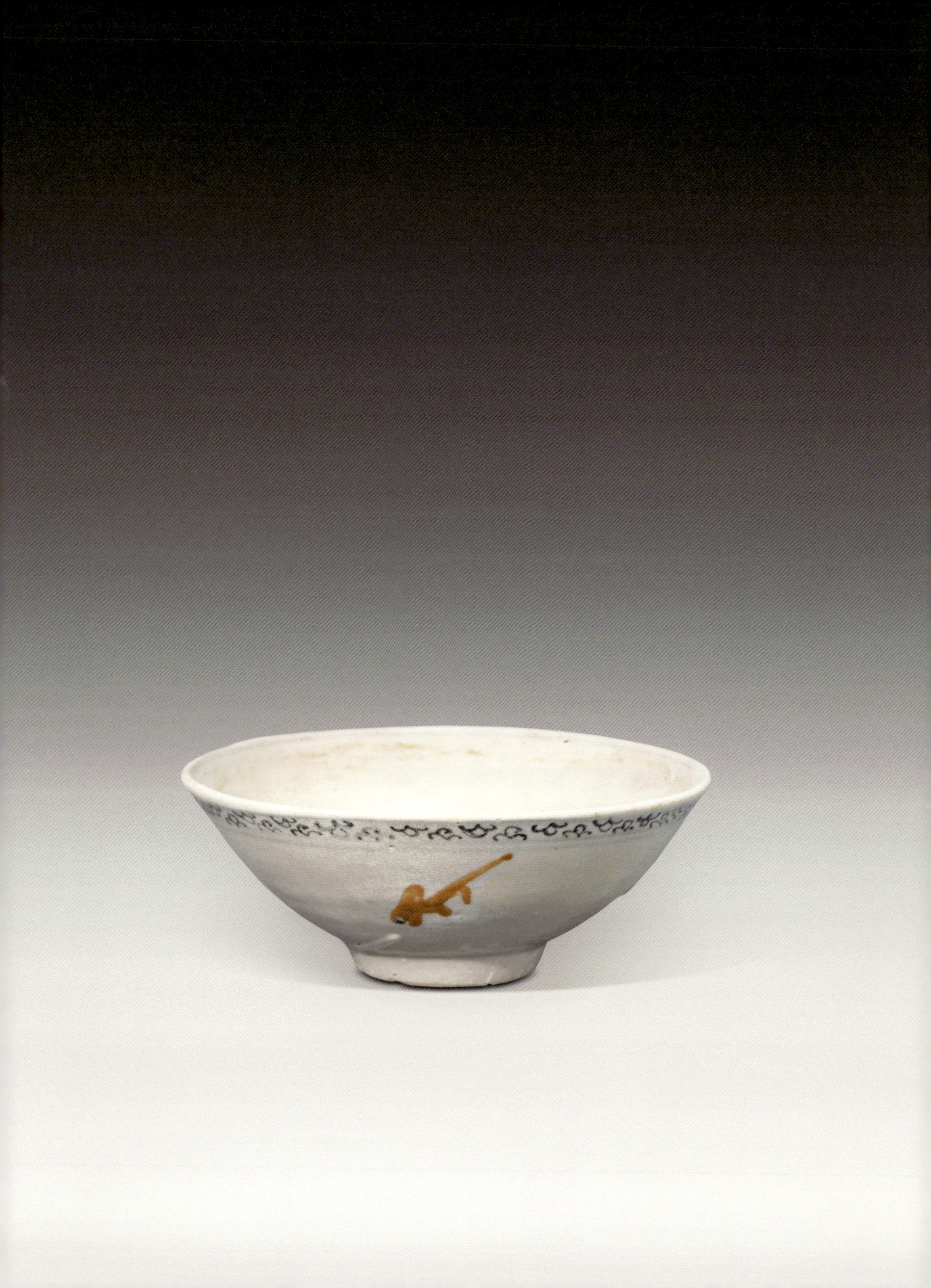

033

明 弘治

青花魚紋碗

高5厘米　口徑13.6厘米　足徑5厘米

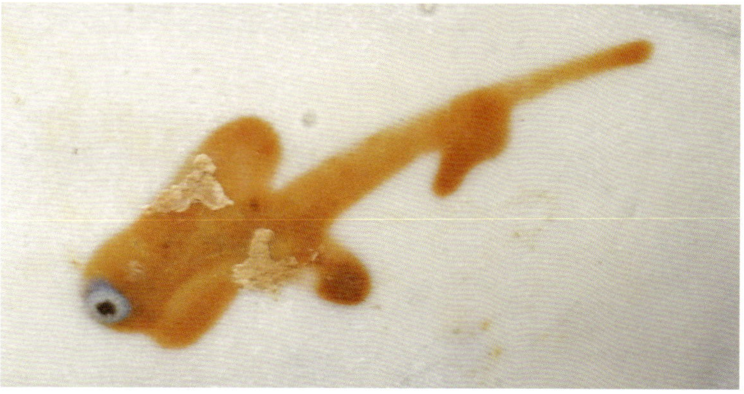

034

明 弘治

青花魚藻紋盤

高2.6厘米 口徑11.8厘米 足徑3.1厘米

035

明 弘治—正德

青花蓮紋碗

高6.6厘米　口徑14.3厘米　足徑6.3厘米

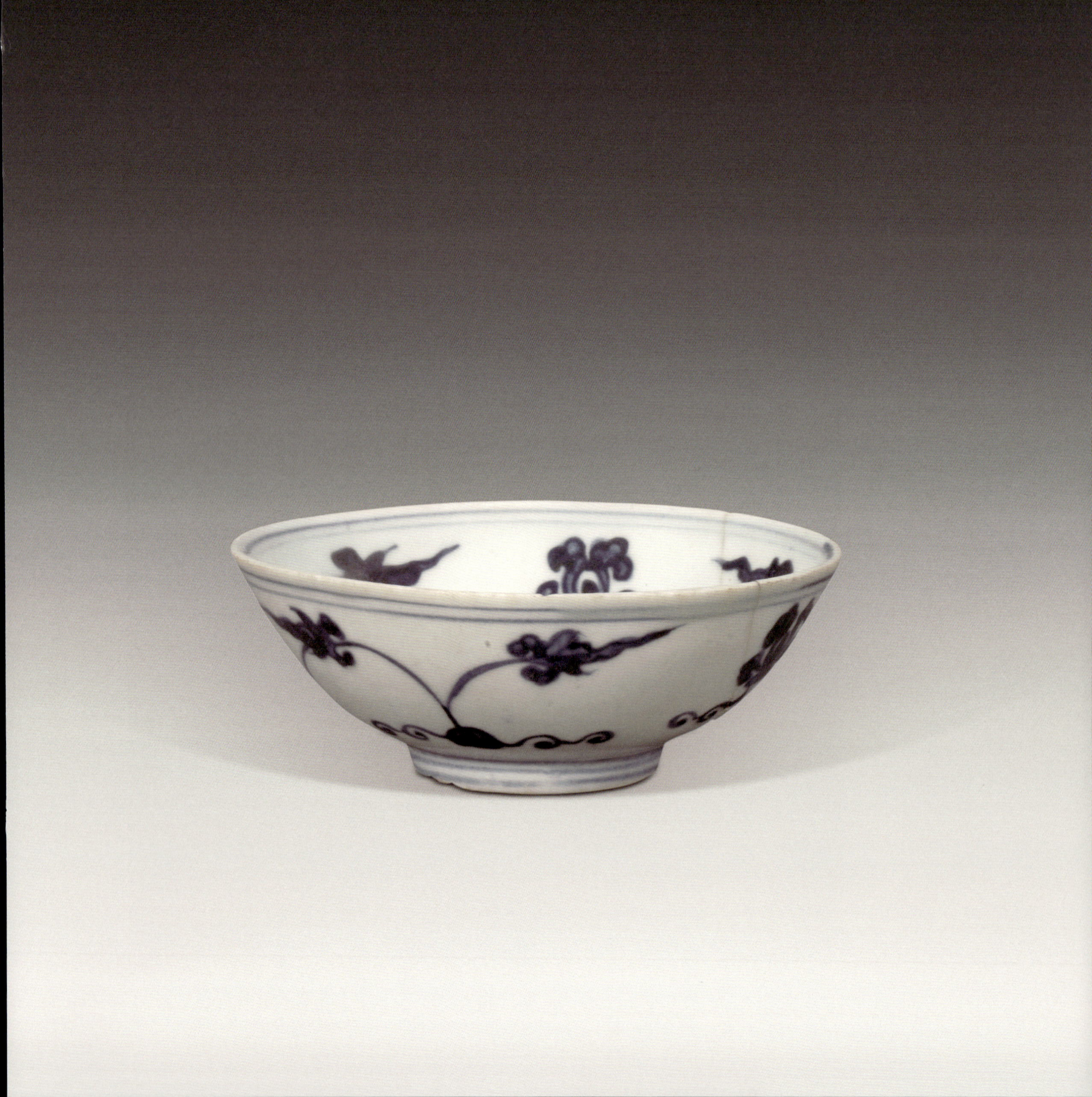

036

明 弘治—正德　景德鎮窑

青花秋葵月華紋碗

高3.8厘米　口徑13厘米　足徑5.2厘米

037

明　弘治—正德　景德鎮窑

青花蝴蝶紋碗

高5.3厘米　口徑14厘米　足徑5厘米

038

青花折枝松鶴紋碗

明 弘治—正德

高6.6厘米 口徑13.7厘米

足徑6厘米

039

明　弘治—正德

青花獅子繡球紋葵口盤

高 2.5 厘米　口徑 12.5 厘米

足徑 7.2 厘米

040

明 弘治—正德

青花樹石欄杆紋盤 一對

高 2.7 厘米 口徑 13.3 厘米

足徑 7 厘米

041

明 弘治—正德

青花松鶴紋折腰盤

高 3 厘米　口徑 19 厘米

足徑 9.8 厘米

042

明 弘治—正德

青花犀牛望月折腰盤

高 3.8 厘米　口徑 21.2 厘米

足徑 12.7 厘米

043

明 弘治—正德

青花折枝花紋罐

高8.8厘米　口徑5.3厘米　足徑5厘米

044

明 正德

青花蕉葉紋碗

高6.5厘米 口徑14.5厘米

足徑5.3厘米

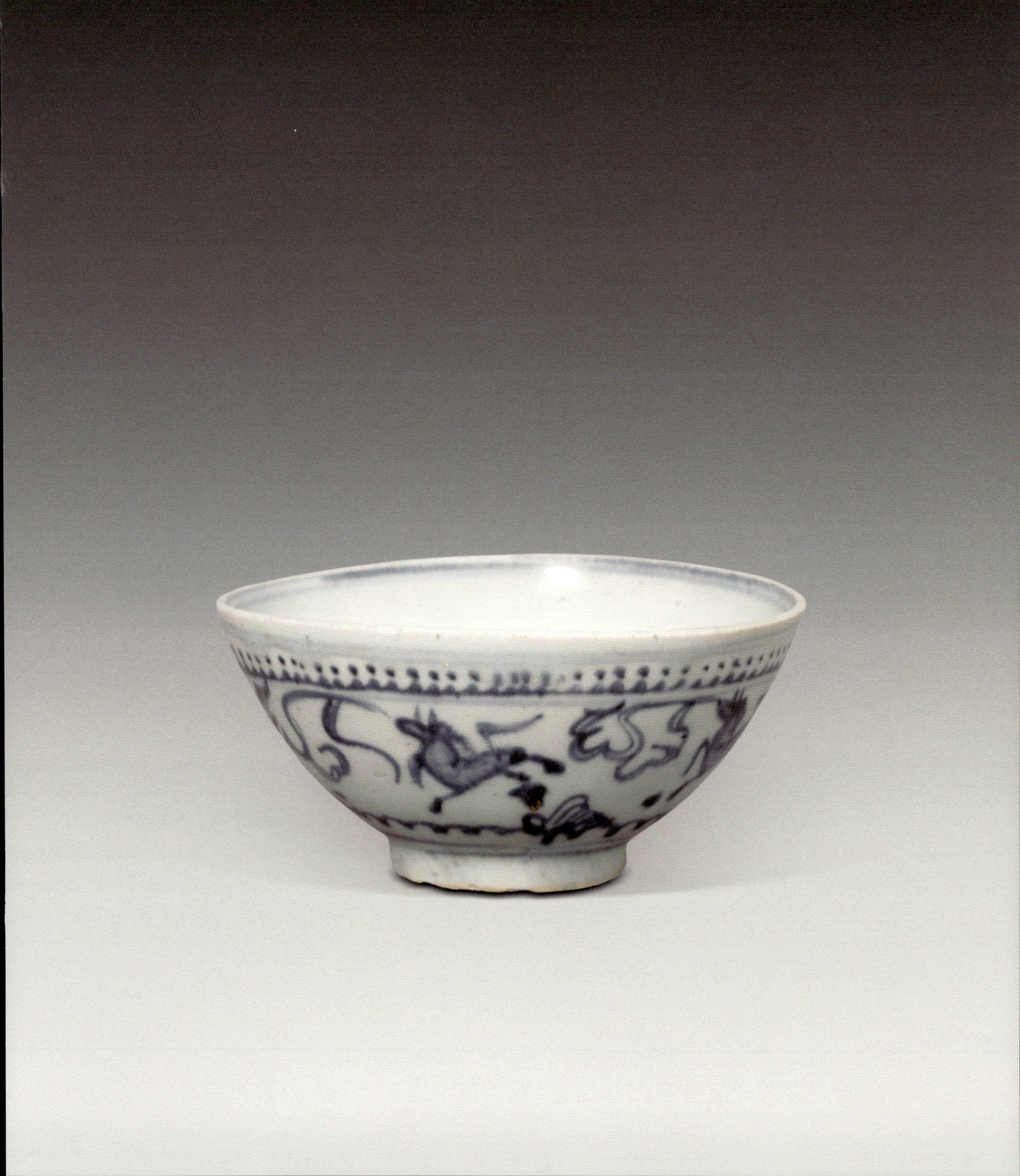

045

明 正德

青花奔馬紋碗

高6厘米 口徑13.6厘米 足徑5.5厘米

046

明 正德

青花松竹梅石紋盤

高3.3厘米　口徑14厘米

足徑8厘米

047

明 正德

青花麻姑獻壽人物紋盤

高4厘米　口徑19.6厘米

足徑12.5厘米

048

明 正德

青花獅子繡球紋盤

高 2.5 厘米 口徑 12.4 厘米 足徑 7 厘米

049

明 正德

青花折枝菊紋蓋罐 一對

高17.5厘米 口徑6.8厘米

足徑9.5厘米

050

明 正德

青花折枝菊紋蓋罐　一對

高14.3厘米　口徑5.5厘米

足徑6.8厘米

051

明 正德

青花纏枝蓮紋蓋罐

高14厘米 口徑5.5厘米 足徑7厘米

052

明 正德

青花雲肩紋蓋罐

高13厘米 口徑4.8厘米

足徑6.5厘米

053

明　正德　雲南玉溪窑

青花花卉紋碗

高7.5厘米　口徑13.6厘米

足徑5.3厘米

054

明 正德 雲南玉溪窑

青花雲氣紋碗

高 7.7 厘米 口徑 17.7 厘米
足徑 7.5 厘米

055

明 正德 景德鎮窑

青花萊菔紋碗

高7.5厘米 口徑15.6厘米

足徑6.5厘米

056

明 正德 景德鎮窑

青花纏枝雜寶紋碗

高5厘米 口徑13.2厘米

足徑5厘米

057

明 正德 景德鎮窑

青花纏枝蓮紋碗 一對

高8厘米 口徑18.7厘米

足徑7.5厘米

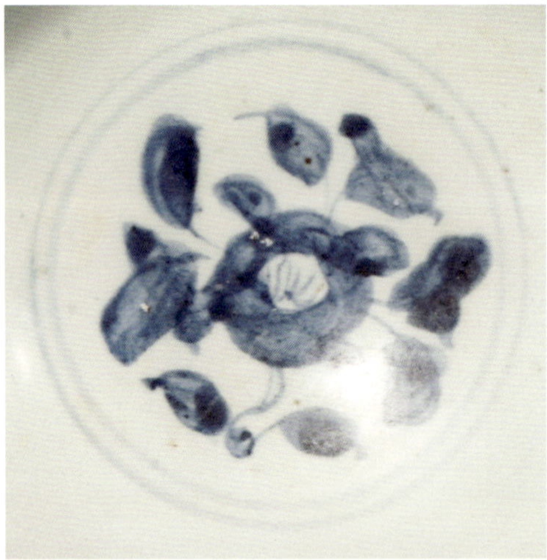

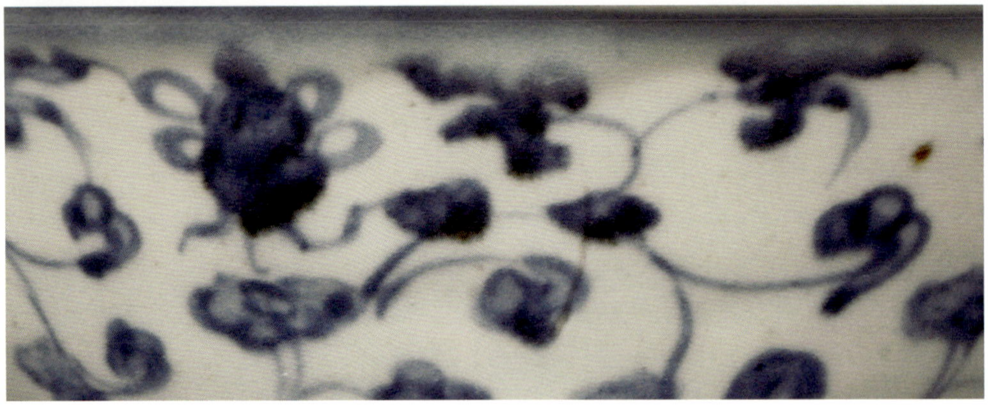

058

青花松竹梅奇石紋碗

明 正德 景德鎮窑

高6.3厘米 口徑14.5厘米

足徑5.6厘米

059

明 正德 景德鎮窑

青花松竹梅奇石紋碗

高6厘米 口徑14.3厘米

足徑6厘米

060

明 正德 景德鎮窑

青花菊紋碗

高6.5厘米 口徑14.5厘米

足徑6厘米

061

明 正德 景德鎮窑

青花月影梅花紋碗

高6.3厘米 口徑13厘米

足徑5厘米

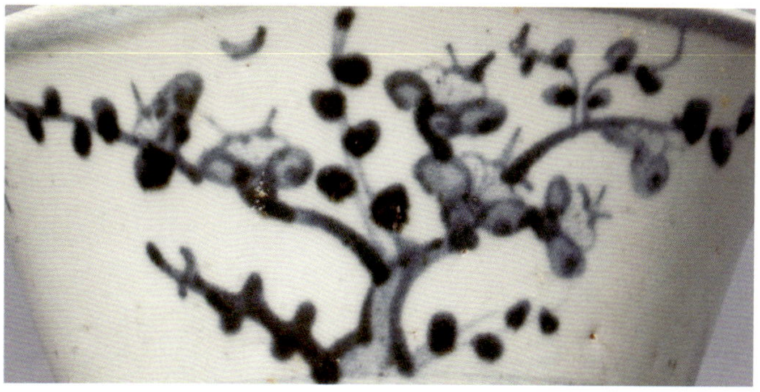

062

明 正德 景德鎮窑

青花躍魚紋碗

高6厘米 口徑14厘米

足徑6厘米

063

明　正德　景德鎮窑

青花獅紋蓋罐

高14厘米　口徑5.7厘米　足徑7.2厘米

064

明 嘉靖

青花嬰戲人物紋碗

高4.5厘米　口徑11厘米

足徑4.8厘米

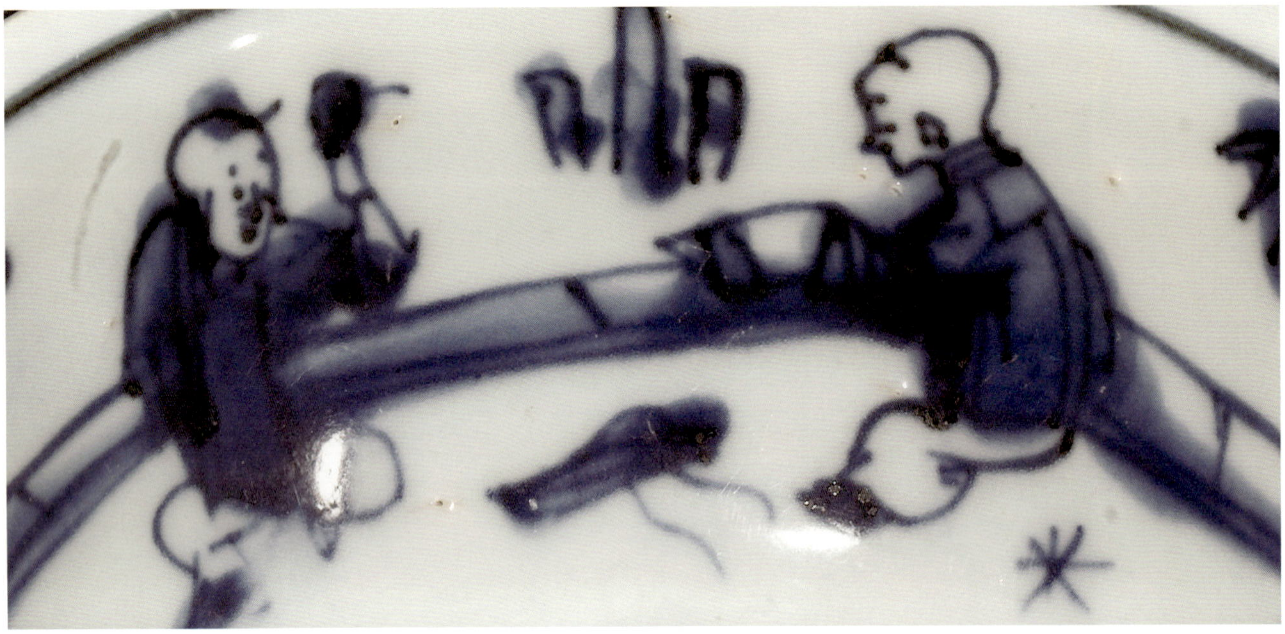

065

明 嘉靖 景德鎮窑

青花高士人物紋碗

高6厘米 口徑11.5厘米 足徑4.5厘米

066

明　嘉靖　景德鎮窑

青花高官厚禄人物紋碗　一對

高4.7厘米　口徑8.8厘米

足徑3.3厘米

067

明 嘉靖 景德鎮窰

青花『大明年造』款鷹紋碗

高5.8厘米 口徑11.5厘米

足徑4.3厘米

068

明　嘉靖

青花纏枝牡丹紋碗　一對

高6厘米　口徑12.2厘米

足徑4.6厘米

069

明 嘉靖—萬曆

青花雲紋碗

高7厘米 口徑14.8厘米

足徑5.5厘米

070

明 嘉靖—萬曆

青花纏枝花卉紋碗 一對

高4厘米 口徑11.5厘米 足徑5.2厘米

071

明 嘉靖—萬曆

青花松竹梅紋碗 一對

高9厘米 口徑18.5厘米

足徑7厘米

青花松竹梅紋碗 碗心

072

明　嘉靖—萬曆

青花『富貴佳器』款花卉紋碗　一對

高 6.4 厘米　口徑 12.5 厘米　足徑 4.6 厘米

073

明 嘉靖—萬曆

青花螭龍紋碗 一對

高4.5厘米 口徑13厘米

足徑5.5厘米

074

明 嘉靖—萬曆

青花獅子繡球紋碗

高6厘米 口徑11.8厘米

足徑4.6厘米

075

明 嘉靖晚期—萬曆早期 景德鎮窑

青花螭龍紋碗

高 5.5 厘米 口徑 12.8 厘米

足徑 5.2 厘米

076

明 隆慶—萬曆

青花螭龍紋碗 一對

高6厘米 口徑12.2厘米 足徑4.5厘米

077

明 隆慶—萬曆

青花『大明年造』款高士人物紋盤

高2.5厘米 口徑12.5厘米 足徑7.2厘米

078

明 隆慶—萬曆

青花獅子穿花紋罐 一對

高 14 厘米 口徑 6.5 厘米 足徑 9.3 厘米

079

明 萬曆

青花高官拜謁人物紋碗

高6.5厘米 口徑12.2厘米 足徑3.7厘米

080

明 萬曆

青花青雲直上人物紋碗

高6.2厘米 口徑12厘米 足徑4.5厘米

081

明　萬曆

青花高士出游人物紋碗

高6.4厘米　口徑13厘米

足徑4.6厘米

082

明 萬曆

青花獅子繡球紋碗 一對

高6厘米 口徑12.2厘米

足徑4.5厘米

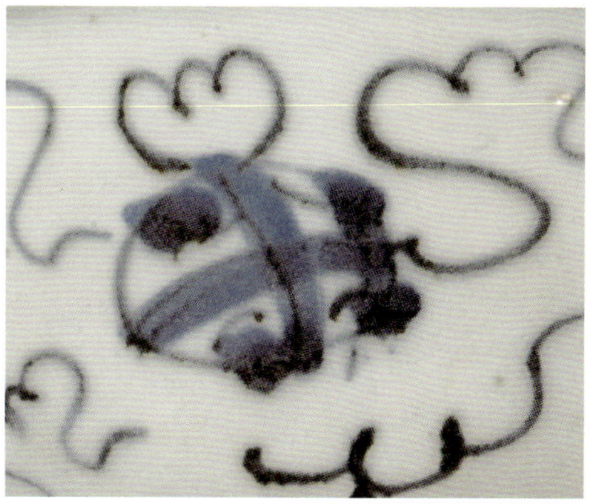

083

明　萬曆

青花海馬獅子紋碗

高7.2厘米　口徑14.6厘米

足徑5.6厘米

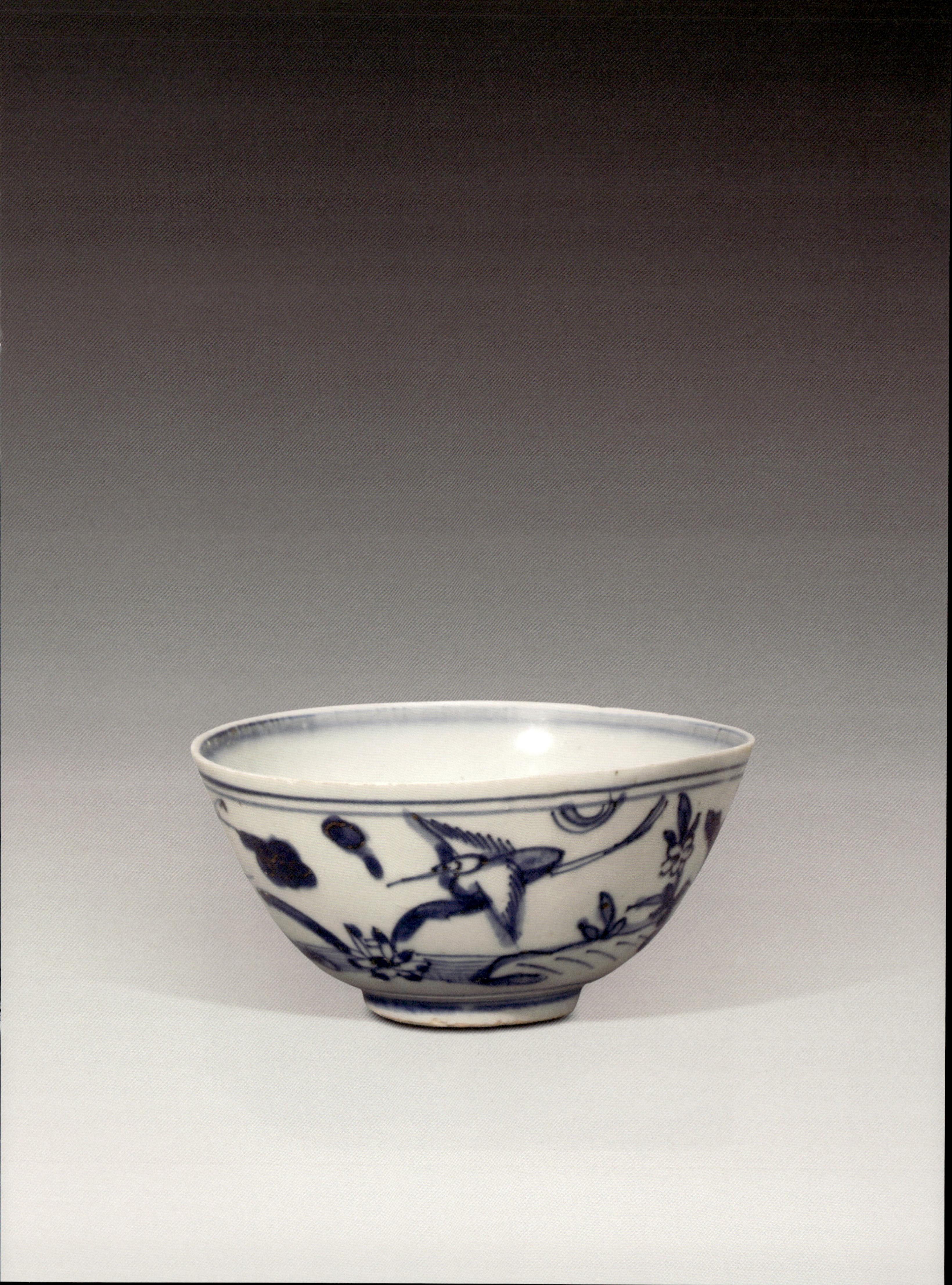

084

明　萬曆

青花花鳥紋碗

高5.8厘米　口徑12.3厘米　足徑4.6厘米

085

明 萬曆

青花蘭石紋碗

高7厘米 口徑14.2厘米 足徑5.8厘米

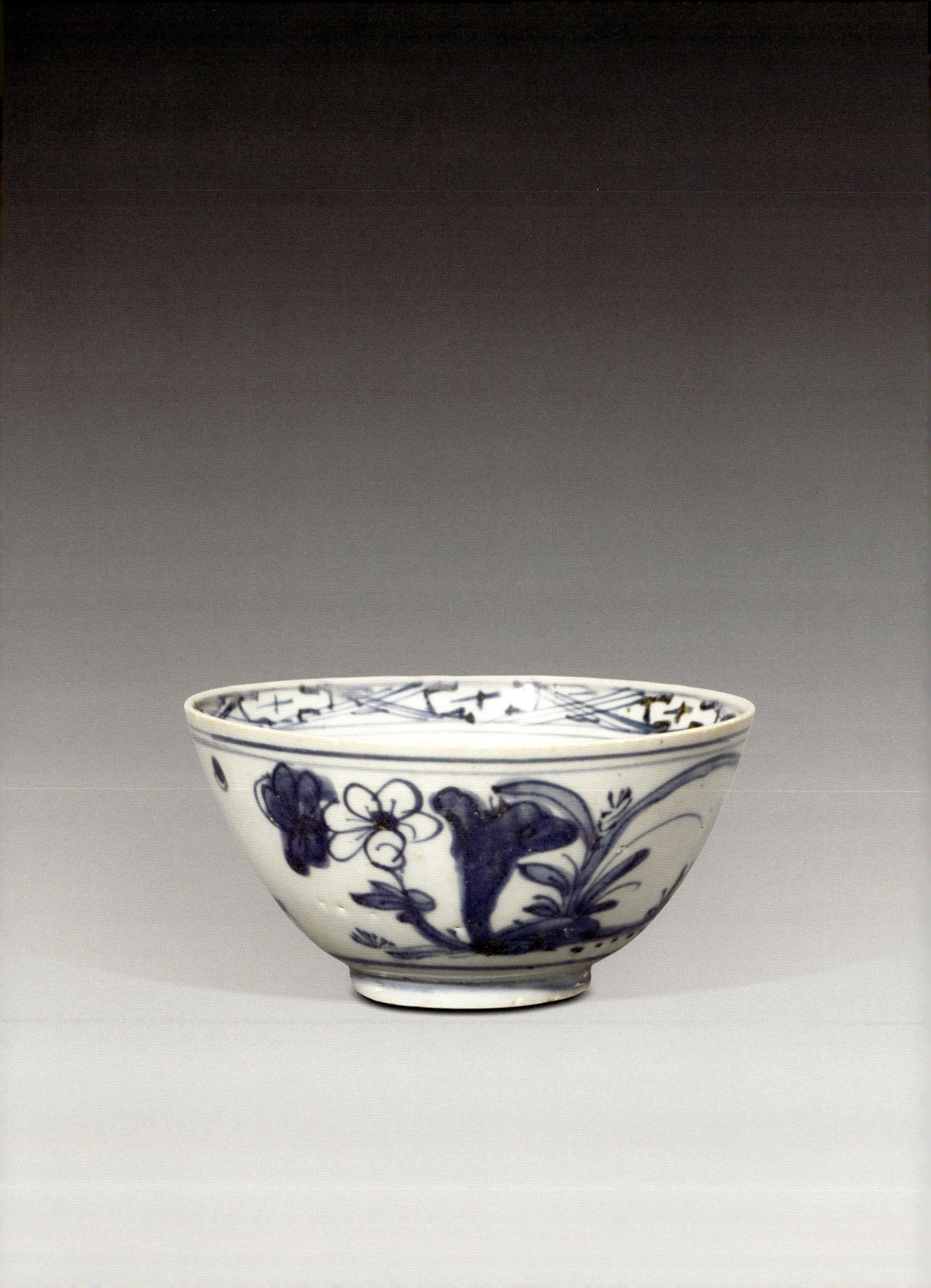

086

明 萬曆

青花花卉紋碗

高6.5厘米 口徑11.8厘米

足徑4.7厘米

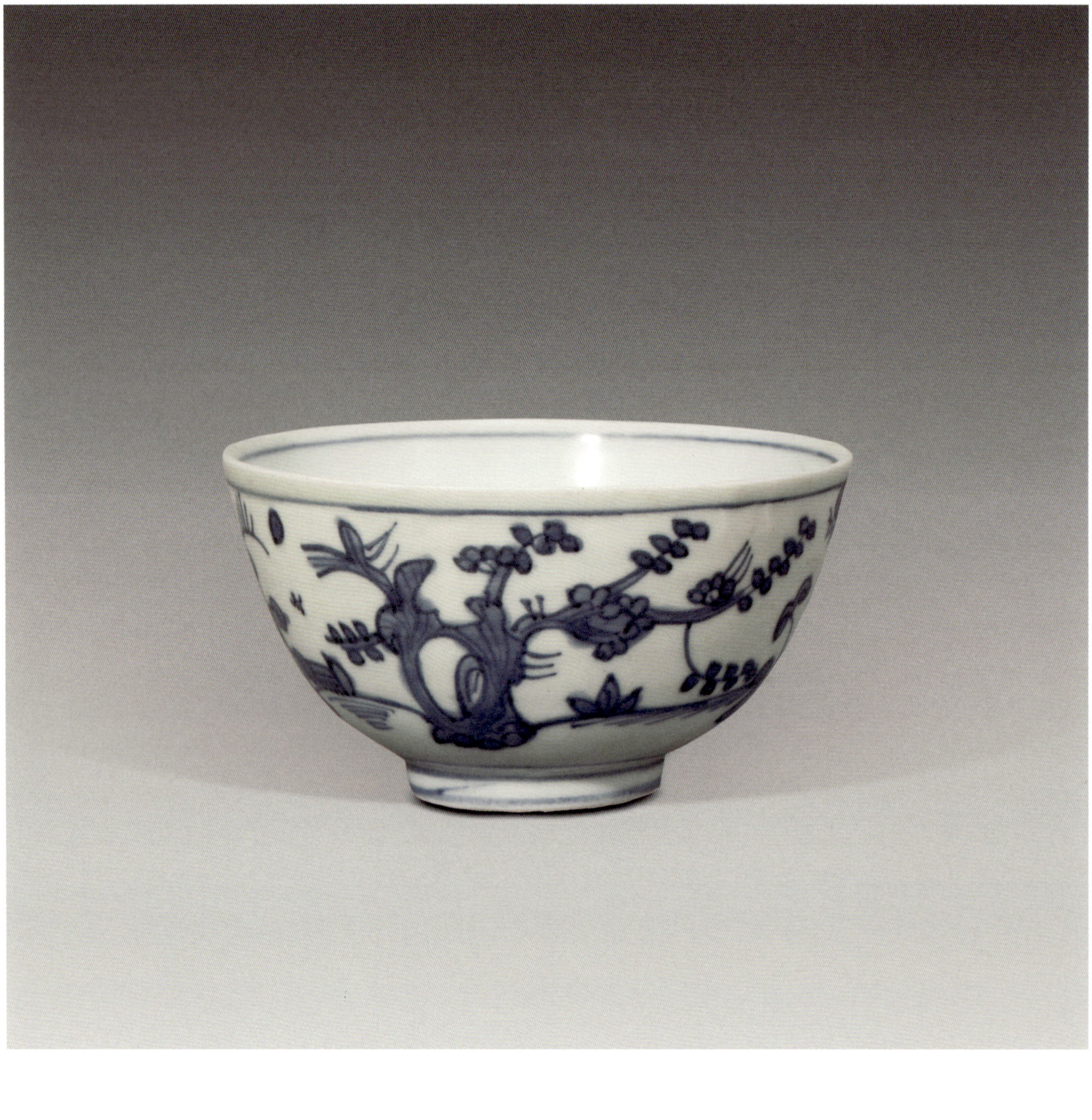

087

明 萬曆

青花瓜果紋瓜棱蓋罐 一對

高14厘米 口徑9厘米 足徑6.2厘米

088

明 萬曆

青花纏枝菊紋蓋罐 一對

高12.5厘米 口徑5.4厘米

足徑6.8厘米

089

明 萬曆

青花『美器』款螭龍碟

高3厘米 口徑14.3厘米

足徑7.5厘米

090

明　萬曆　景德鎮窑

青花花鳥紋碗

高5.5厘米　口徑9厘米　足徑4.3厘米

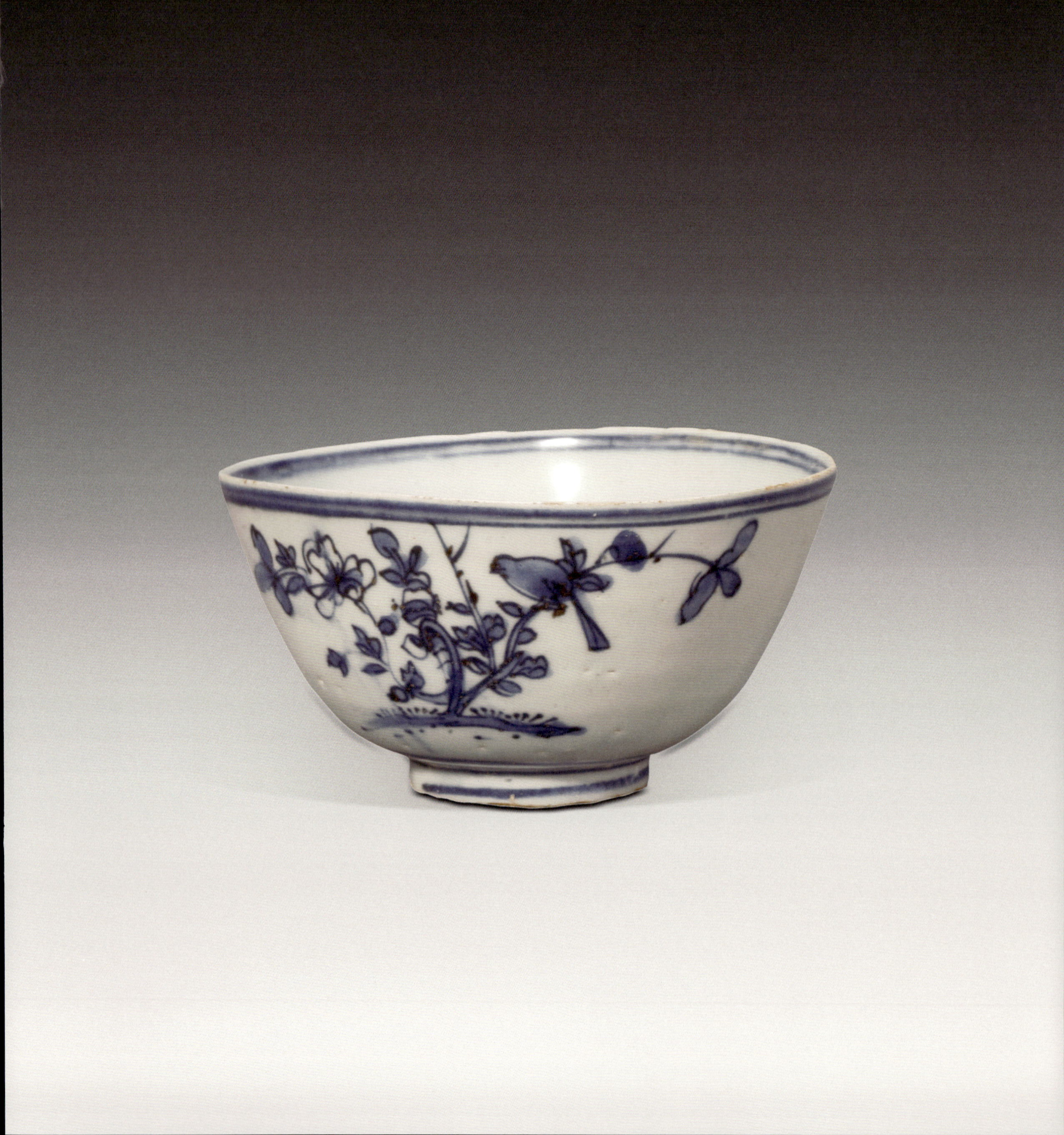

091

明　萬曆　景德鎮窑

青花花鳥紋碗

高6.3厘米　口徑12.5厘米　足徑4.8厘米

092

明　萬曆　景德鎮窑

青花花鳥紋碗

高 6 厘米　口徑 12 厘米

足徑 4.5 厘米

093

明　萬曆　景德鎮窑

青花一路連科紋碗

高 7.8 厘米　口徑 14.5 厘米

足徑 6 厘米

094

明 萬曆 景德鎮窑

青花一路連科紋碗 一對

高 5.5 厘米 口徑 10.8 厘米

足徑 4 厘米

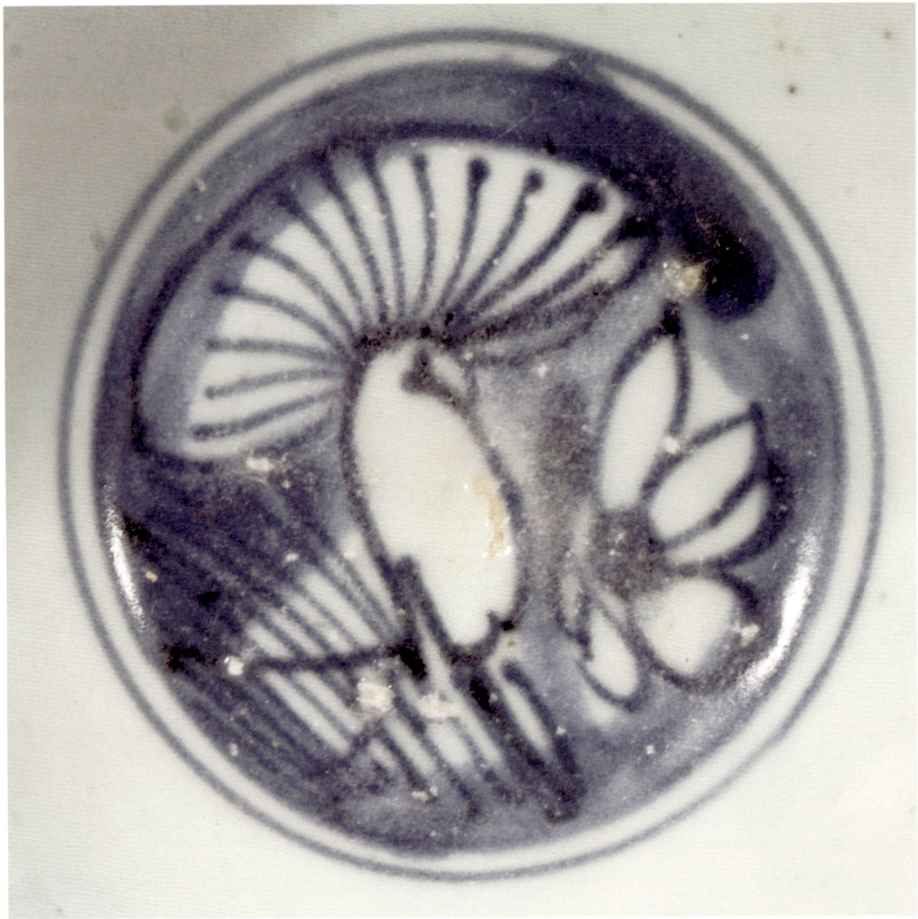

095

明　萬曆　景德鎮窑

青花乳虎紋碗

高 6 厘米　口徑 15 厘米

足徑 5.8 厘米

096

明　萬曆　景德鎮窑

青花鹿紋碗

高5厘米　口徑10.5厘米

足徑4.2厘米

097

明　萬曆　景德鎮窑

青花水藻魚紋碗　一對

高 7.8 厘米　口徑 18 厘米

足徑 6.7 厘米

098

明 萬曆 景德鎮窑

青花人物紋罐

高13厘米 口徑4.6厘米 足徑7.5厘米

099

明 萬曆—天啓

青花開光獅紋碗

高7.5厘米 口徑14.7厘米 足徑7厘米

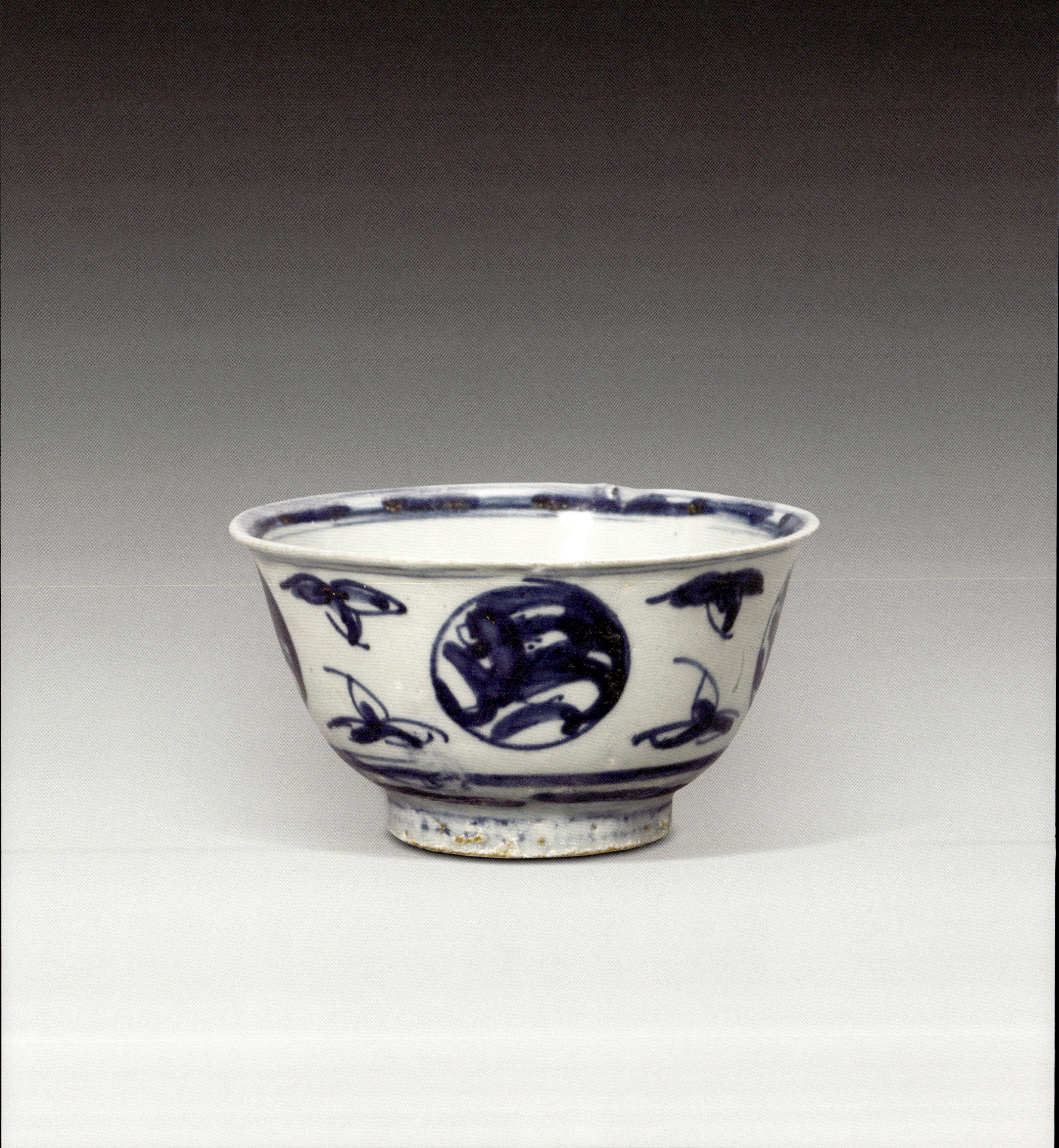

100

明 萬曆—天啓

青花開光寫意紋碗 一對

高8.2厘米 口徑18.8厘米

足徑8.2厘米

101

明 萬曆—天啓

青花龍鳳紋碗

高7.2厘米 口徑17.2厘米

足徑7.3厘米

102

明 萬曆—天啓

青花喜鵲登梅花鳥紋碗

高 5.8 厘米 口徑 11.8 厘米

足徑 4.5 厘米

103

明　萬曆—天啓

青花花鳥紋罐

高13.8厘米　口徑6.5厘米

足徑8.9厘米

104

明　萬曆—天啓

青花瓜鳥紋罐

高 12.8 厘米　口徑 4.6 厘米

足徑 6 厘米

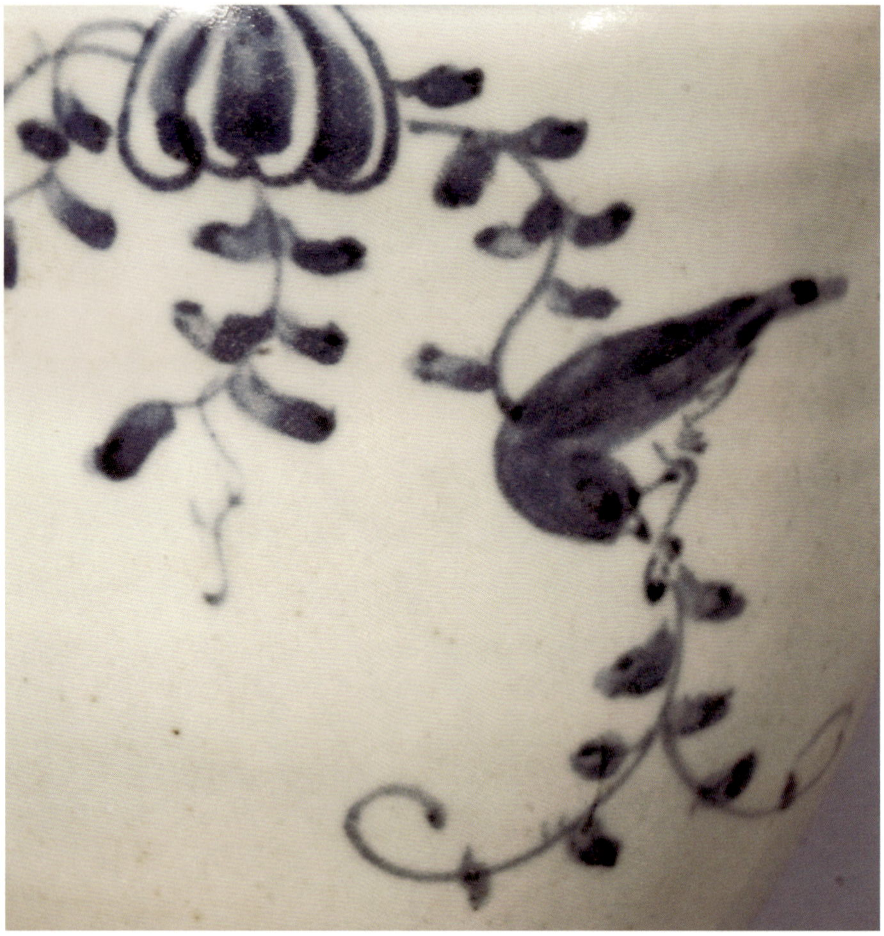

105

明　萬曆—天啓

青花花鳥紋罐

高 17 厘米　口徑 7.6 厘米

足徑 10.8 厘米

106

明 萬曆—天啓

青花蘭菊紋罐

高 11.8 厘米 口徑 5.6 厘米

足徑 7 厘米

107

明　萬曆—天啓

青花花鳥紋蓋罐　一對

高17.5厘米　口徑6.4厘米　足徑9.5厘米

108

明　萬曆—天啓

青花纏枝花紋罐

高14.2厘米　口徑6.5厘米

足徑8.8厘米

109

明 天啓

青花蘭石紋碗

高6.2厘米 口徑12.5厘米

足徑4.7厘米

110

明 天啓

青花吹簫人物紋碗

高5厘米 口徑9.3厘米

足徑3.3厘米

111

明 天啓

青花高士覽勝人物紋碗

高5.8厘米 口徑12.2厘米

足徑5厘米

112

明 天啓

青花蘭菊紋蓋罐 一對

高14.6厘米 口徑5厘米

足徑6.7厘米

113

明 天啓—崇禎

青花鳳紋碗 一對

高4.5厘米 口徑12.9厘米

足徑5.5厘米

114

明　天啓—崇禎

青花萬古長青文字紋碗　一對

高5.5厘米　口徑12厘米

足徑4.7厘米

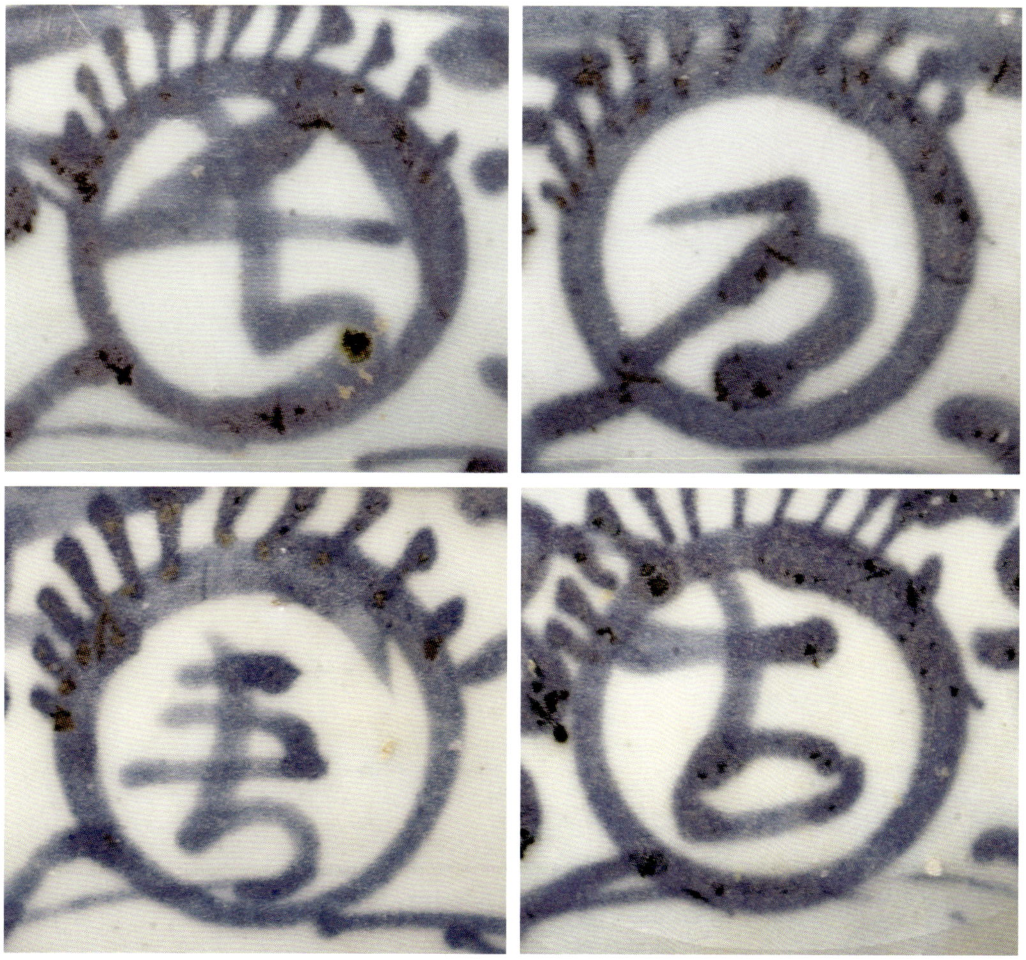

115

明 天啓—崇禎

青花山水人物紋碗

高6厘米 口徑11.3厘米 足徑5.3厘米

116

明　天啓—崇禎

青花山水紋碗

高 5.6 厘米　口徑 11.4 厘米

足徑 4 厘米

117

明　天啓—崇禎

青花山水紋碗

高4.5厘米　口徑9.9厘米

足徑4.5厘米

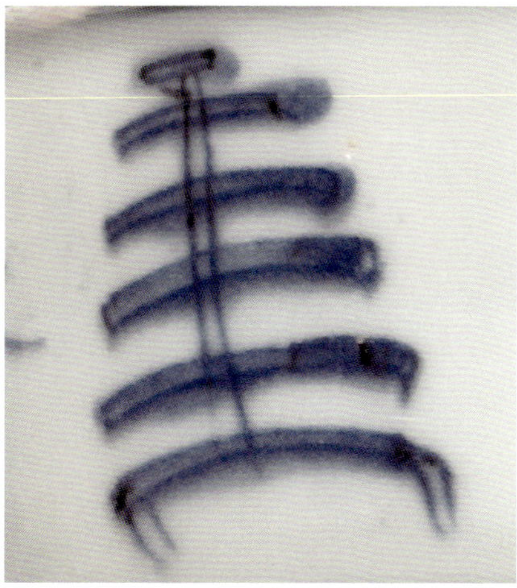

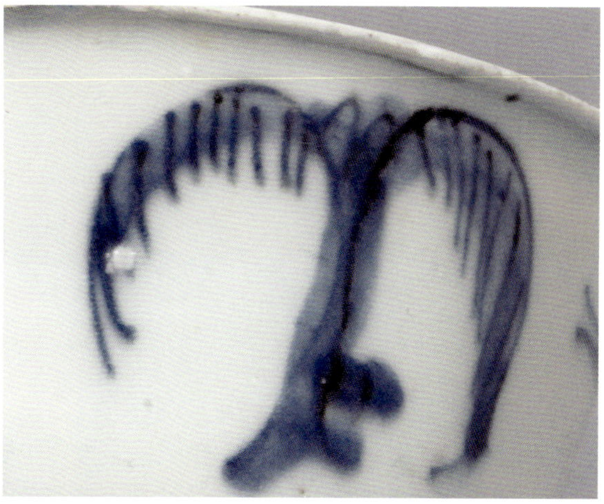

118

明　天啓—崇禎

青花嬰戲人物紋碗　一對

高 6 厘米　口徑 12.8 厘米

足徑 5 厘米

119

明 天啓—崇禎

青花嬰戲人物紋碗

高 5.3 厘米 口徑 12.6 厘米

足徑 4.8 厘米

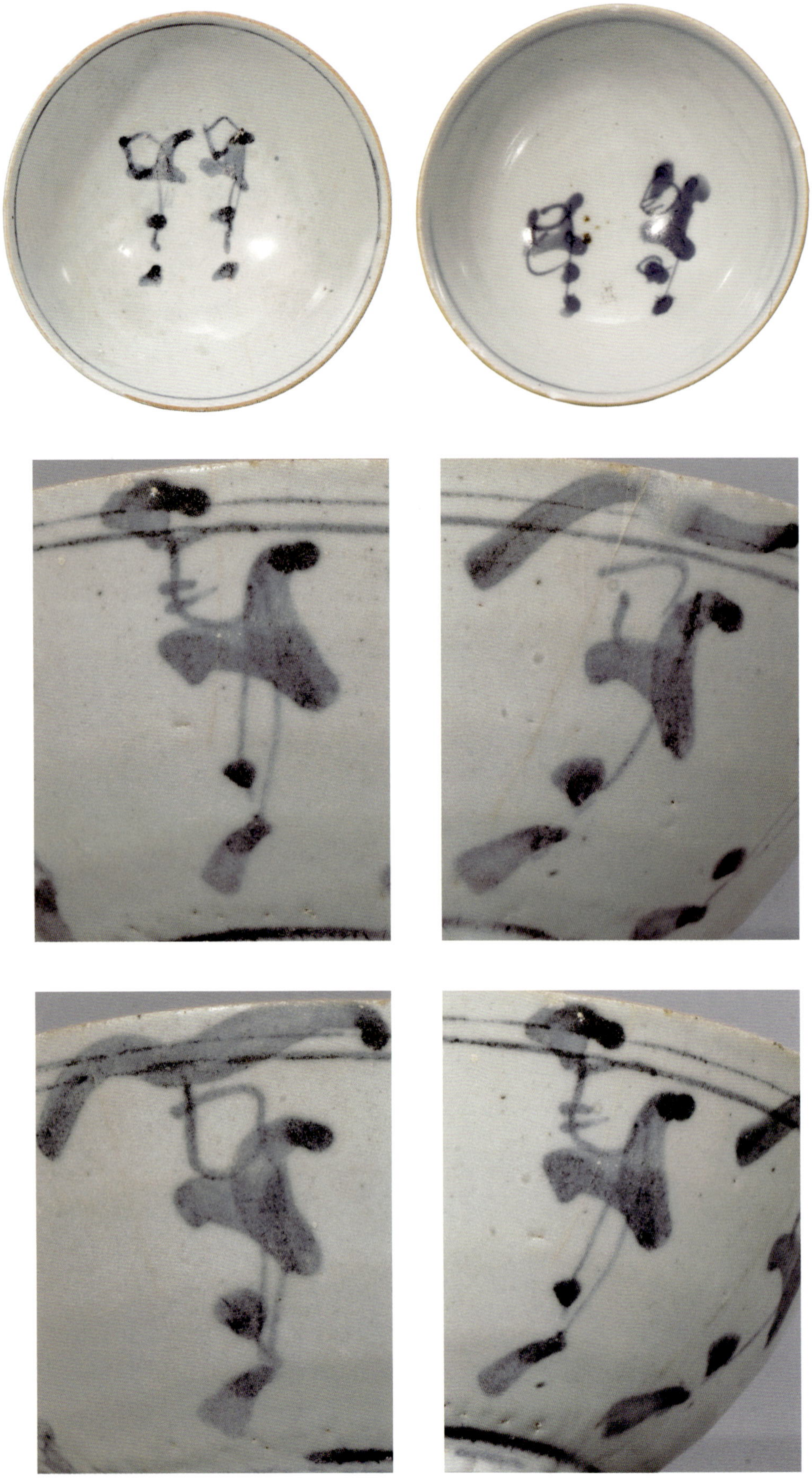

120

明 天啓—崇禎

青花嬰戲人物紋碗

高7.2厘米 口徑14.4厘米 足徑6.3厘米

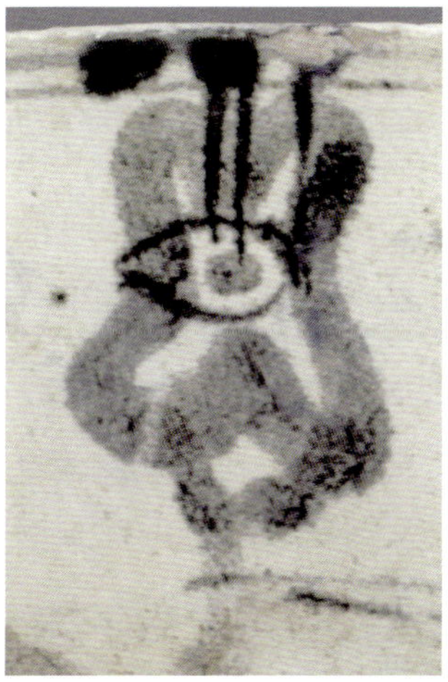

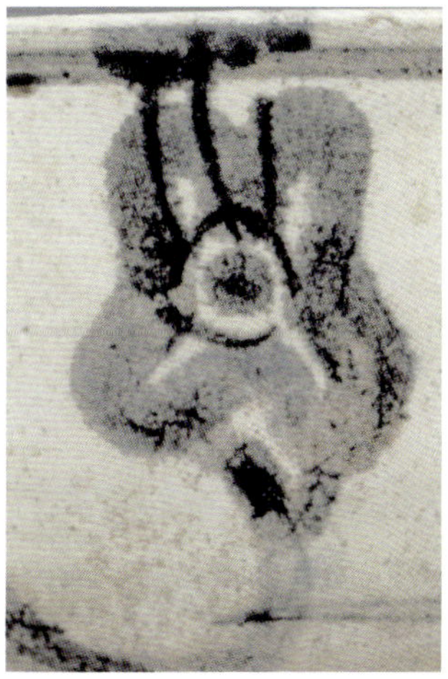

121

明 天啓—崇禎

青花萊菔紋玉璧底碗 一對

高6.7厘米 口徑14.3厘米 足徑5.7厘米

122

明　天啓—崇禎

青花萊菔紋盤　一對

高3.2厘米　口径12.3厘米

足径7.3厘米

123

明 天啓—崇禎

青花鹿紋方盤 一對

高2厘米 口徑8.4厘米

足徑5.8厘米

124

明 天啓—崇禎

青花纏枝花卉紋罐

高14厘米 口徑6.6厘米

足徑8.8厘米

125

明　崇禎

青花蘭草紋盤

高3.5厘米　口徑12.5厘米　足徑5厘米

126

明晚期

青花簡筆紋碗

高 5.7 厘米　口徑 13.2 厘米

足徑 5 厘米

127

明晚期

青花簡筆紋碗

高 6.3 厘米　口径 14 厘米

足径 4.6 厘米

128

明晚期

青花簡筆紋碗

高5.7厘米　口徑13.6厘米
足徑5厘米

129

明晚期

青花簡筆紋碗

高 5.3 厘米　口径 13.6 厘米

足径 5 厘米

130

明晚期

青花『三』字紋碗

高2.5厘米　口徑10.5厘米

足徑4.8厘米

131

明晚期

青花『福』字紋碗

高5.5厘米　口徑13厘米

足徑5厘米

132

明晚期

青花『壽』字紋碗

高4.3厘米　口徑12.3厘米　足徑5厘米

133

明晚期

青花『大明成化年製』款杯　一對

高6.5厘米　口徑11.6厘米

足徑5.2厘米

134

明晚期

青花『大明成化年製』款杯

高5厘米　口径8.8厘米

足径4.8厘米

135

明晚期

青花花卉紋碗

高5.7厘米　口徑11厘米　足徑5.2厘米

136

明晚期

青花花卉紋碗

高6.8厘米　口徑13.8厘米

足徑6.6厘米

137

明晚期

青花龍鳳紋碗　一對

高6厘米　口徑11.5厘米
足徑5厘米

138

明晚期

青花螭龍紋碗　一對

高5.5厘米　口径13.5厘米

足径6厘米

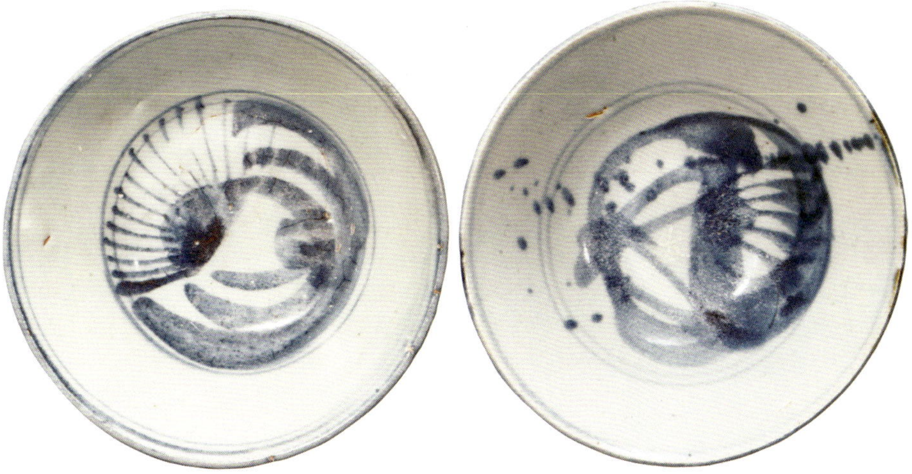

139

明晚期

青花寫意紋碗

高5.3厘米　口径14.5厘米

足径6厘米

140

明晚期　福建漳州窑

青花花卉紋蓋罐　一對

高25厘米　口徑9.8厘米

足徑10厘米

三峽七百里 一上一回新

——馮其庸先生的三峽情結

魏靖宇

往事如烟，我與馮其庸先生的交往轉眼之間就已近三十年的時間了。馮其庸先生以研究《紅樓夢》及中國文化史、古代文學史、戲曲史、藝術史等方面飲譽學術界，去年由青島出版社出版了《瓜飯樓叢稿》三十餘卷，一千七百萬字，可謂著作等身，是當今名副其實的碩彦名宿。學術之餘，先生兼擅詩詞、書法和繪畫。書法宗二王，畫宗青藤、白石，後專攻宋元山水，且長篇巨製，別具神韵。所作書畫爲國内外所推重，被譽爲真正的文人畫。

馮先生以『寬堂』爲號，正體現了他爲人爲藝寬厚、寬博、寬廣的精神追求。在交往之中，馮先生的博學、厚道、實在與真摯以及他對學術老而彌堅、永不懈怠的態度和提携後學、獎掖新人的風範，給我以極爲深刻的印象，讓我無論是生活還是學習上都受益匪淺，回想起來，諸多往事依然歷歷在目，特別是他進行實地考證的三次三峽之行，更是記憶猶新。其艱辛而富於回味的情景，正可以用『三峽七百里，一上一回新』兩句詩來形容。

一九八四年春，時任中國人民大學語言文學系教授的馮先生，率研究生第一次來三峽考察，在奉節停留五日。奉節，古稱夔州，位於瞿塘峽口，自古就是東出四川的必經之路，也是歷史上人文薈萃、兵家必争之地。李白、杜甫、劉禹錫、白居易、蘇東坡、王十朋、陸游先後在此或做官或流寓，留下大量詩篇。夔州故有『詩城』之美譽。特別是杜甫的夔州詩《秋興八首》爲千古律詩之典範，影響最大。

馮先生到奉節重點是考察杜甫夔州詩。當時，我是縣文工團的美工。縣裏安排我陪同馮先生一行登白帝，觀八陣，游瞿塘，凡是與杜甫有關的地方都實地考察了。東屯稻畦百頃，瀼西果園飄香，浣花溪村婦搗衣聲聲，杜公祠内小學童誦聲朗朗，西閣高齋遺址依稀可辨。品讀杜甫夔州詩，時隔千年，詩中情景恍惚就在眼前。馮先生做學問，重在實地考證，從不紙上談兵，泛泛而論。凡杜甫當時足迹所到之處，他都一一親臨其地，根據資料和詩作進行推演和印證。通過這次陪同考察，我深感馮先生治學嚴謹。

扁舟入瞿塘，風高浪急，其險仍不可測。灩澦堆雖已炸掉，但『不知灩澦在船底』，稍有不慎，人船俱毀也是司空見慣的事情。扁舟入峽，與杜甫當年入峽幾乎没有區别，是十分驚心動魄的生命體驗。今人乘豪華游輪進出三峽，高峽平湖，風平浪静，如此之境界前人何曾夢見，可謂天壤之别也。我常常入峽尋覓瞿塘奇石，慣經風浪，收藏亦多。馮先生自稱有石癖，臨别時我便以一枚瞿塘石相贈。先生愛不釋手，作《瞿塘石歌》七言古風一首，并手書行草長卷以贈。其歌曰：

魏生遺我瞿塘石。色似青銅聲如鐵。叩之能作古鐘鳴，以手摩挲瘢千結。我昔三過瞿塘門，雙崖壁立半入雲。晝無日色夜無月，唯覺天風海雨挾鬼神。仰視懸崖幾欲倒，怪獸下撲勢齧人。對此不覺心膽裂，輕舟如箭猶嫌鈍。俯視雪浪如山立，奔騰萬馬作堅陣。忽然怒吼陣脚亂，巨浪搏擊雙崖根。崖根怪石如蹲虎，或起或伏狀猙獰。雪浪過處萬頭動，咆哮如雷裂夔門。我幸輕舟疾如電，倏忽已過白帝城。回看雙崖合一綫，驚定猶有未歸魂。昔聞太古之初衆水西來會瞿塘，一山横截難東行。千村萬落成澤國，蛟龍魚鱉皆相慶。忽然大禹經此過，一斧劈開瞿塘門，群山見之駭目驚心皆辟易，從此大江東去奔騰澎湃萬里無阻梗。當年大禹斧鑿處，遺迹斑斑尚可尋。君不見瞿塘峽口灎澦堆，乃是禹斧濺落之遺痕。我今得此瞿塘石，捫挲拂拭貴奇珍。忽睹石上瘢痕處，隱隱尚可辨斧斤。始知此石亦是神禹之所遺，今我何幸得此億萬斯年之奇品。只恐俗世難久留，夜深還作蛟龍遁。

一九八四年八月十五日夜一時半

一九八五年元旦之夜十二時改定

在《瞿塘石歌》之前，還有一段文采飛揚的詩序：

一九八四年三月二十五日，予率研究生李嵐、徐匋、譚青、管士光外出作學術調查，歷濟、泰、鄒、魯至南京，訪六朝遺迹，四月十五日去武漢，二十日至荆州，訪紀南城遺址，蓋即楚之郢都，亦即屈原《哀郢》之『郢』也。屈子《離騷》，光照日月，衣被千載，百世而下，予尚能得其蹤迹，徜徉其故城，不勝低徊留戀之感。二十五日至宜昌，參觀葛洲壩，游三游洞。晚登輪去奉節，即古夔州也。二十六日，竟日行三峽中，兩目不暇給。時值暮春，夾岸山色如青螺，如翠黛，恍如置身於畫圖中矣。薄暮抵奉節，留五日，遍訪杜甫所居地，登白帝城，探瞿塘峽之險，睹灎澦堆之遺迹，復環奉節沿江城堞，其南門今仍曰『依斗門』，蓋取杜甫『每依北斗望京華』句意也。在夔識胡焕章君，胡君治杜詩甚細。復識三峽樹根雕作者魏靖宇君，承贈樹根雕兩件及瞿塘石兩品，其一出自八陣圖内，其一出自瞿塘峽中。予觀其勢嶙峋，其狀詭怪，如經鬼斧神工。因念此石實造化之所遺而世人之所弃也，感而長歌，以抒積懷云爾。

一九八五年元旦之夕，其庸補記於京西賓館

中國作家協會第四次會員代表大會會所

馮先生手卷我至今視爲拱璧，其書法筆酣墨暢，一氣呵成，既有蘇黄之意味，又得董趙之神采，尤其是内容與形式相得益彰，文氣撲面，觀者無不稱羨。

一九九四年，白帝城博物館興建竹枝詞碑園，身爲白帝城博物館館長的我，想到竹枝詞碑園書法作者大都是一時名宿，尚需一位有真才實學且德高望重之人作序，方能服衆，起到錦上添花的作用。於是專程到北京懇請馮先生爲碑園作序。馮老念及舊情，居然毫不推辭，很快就將一篇洋洋灑灑的絶妙好辭展紙揮就了：

巴渝竹枝詞，詩之國風，詞之九歌也。昔仲尼删詩而存國風，屈原作辭而定九歌。故知聖人重俚言而辭祖珍鄉音也。夫三峽形勝自古而然，歌辭流麗亦隨驚波，自顧、劉以還，爲世所重，夢得并創爲聯章，雅俗悉稱。遂使歌詞騰踴，萬世相沿。今滄海桑田，三峽安流，而巫峽猿聲，瞿塘驚濤皆不可聞見矣。魏君靖宇，篤古之士，乃謀建竹枝詞碑園，使在昔巴渝之歌得與金石而同壽，蓋世書家之迹，映清流而長存也，予故樂爲之序云爾。

甲戌酷暑寬堂馮其庸撰并書時年七十又二

馮先生這篇文章爲白帝城博物館的竹枝詞碑園增色不少，到此一游而又愛好文藝之人，往往會不由自主地停住脚步，静心而讀，無不景仰馮先生的才學。

九十年代初，馮其庸先生時任中國藝術研究院副院長，第二次到三峽考察。重點是屈原故里和巫山十二峰下神女廟舊址。隨行的是馮先生的兩位學生。馮先生讓他們隨行，一來可以照顧先生，更主要的是讓兩位年輕人增長見識，在實踐中學習。如今他們都專業有成，其中一位叫紀峰的，已經是有名的雕塑家，客居北京，至今仍受馮先生的指點和關照。

我邀請了三峽文化學者鄭文燮先生一道，在湖北宜昌迎接他們，然後我們一行五人先到了秭歸香溪。香溪，因王昭君浣洗而得名，發源於神農架，溪水清澈透底，與長江的渾濁形成鮮明對比。從香溪再到屈原故里，要徒步穿過一個名叫七里峽的深谷。七里峽道路崎嶇，隱天蔽日，不見曦月，而一旦出峽，則良田如鏡，豁然開朗，恰似陶淵明筆下的桃花源。郭沫若題寫的『屈原故里』牌坊映入眼簾，大片緑油油的稻田散發出清新氣息，阡陌縱横，蛙聲一片，使這裏顯得更加寧静。四周山巒起伏，山脚處點綴幾間農舍。馮先生和我們同住在一户農家，簡陋而干净。香噴噴的大米飯、臘肉、鹹菜可口味美，在這個生長屈原的名叫樂坪里的地方，我們足足地領略了一番世外桃源的風韵。

在樂坪里，馮先生不禁由衷地感慨，對我們説：『觀此地山水形勢，是出大詩人的地方！』到了秭歸的屈原紀念館，馮先生詩興大發，即興揮毫寫道：

江上孤城故國哀。千年又吊屈原來。
懷王失道親群小，空費先生百世才。

這幅自作詩書法條幅已鑲嵌在紀念館碑林之中。

馮先生下一個目標是巫峽神女峰，而從秭歸到巫山神女峰對岸的青石洞，客船不會停靠，也没有碼頭停靠。我們只好乘坐當地叫作『支農船』的一種機動小船，人貨牲畜混裝，沿途停靠，是專爲峽江兩岸的山民服務的。船上有幾條木板凳，我們讓馮先生坐下休息。湍急的江水聲，混雜小船的發動機聲，猪羊亂叫，人聲嘈雜，根本無法安神。這一年馮先生已是六十七歲的年紀。

小船不時地摇晃顛簸，又不時地靠岸起錨。停停走走，上上下下，天色漸黑，船夫説要晚上十點纔能到青石洞。正在大家恍惚疲憊之時，突然有人大喊：『青石洞到了，快下船！』我們一行人昏頭昏腦，提着行李就往岸上跳，還没站穩，小船就急忙忙掉頭開走了。恰逢夏季長江漲水時節，青石洞前原來較平坦的停船地方被淹，這時只好在離青石洞幾公里的岸邊强行停靠。我們下船之後，只覺漆黑一片，伸手不見五指。前是絶壁，後是滚滚長江，立即陷入無路可走的險境。幸好跟我們一起下船的有兩位家住巫山十二峰上的山民，并有一個亮度明顯不够的小手電筒。我們只好求助他倆，請他們扶着馮先生前行，我們小心翼翼跟在後面，連爬帶攀，來到青石洞，依然驚魂未定。已經是夜裏十二點，萬幸遇到這兩位山民。這次巫峽歷險至今想來猶覺後怕。

青石洞有幾户山民，多以弄船打魚爲生。我們一行人住在譚大嫂家裏。她的丈夫常年在外駕船，譚大嫂憑自己的精明能幹，在青石洞開了一個家庭小旅館，不少北京、上海甚至海外的書畫家攝影家，都是她家的客人。譚大嫂後來也因此聲名遠揚。

第二天，我們都因前晚趕山路，腿脚酸痛，又加旅途勞累，决定休整一天。馮先生更是雙腿腫脹無法行走。譚大嫂家大門正好對着神女峰，馮先生只好坐看神女。對面雲烟繚繞，門框宛如畫屏，倒也另有一番風情。

在青石洞三天，馮先生帶我們考察了神女廟等遺迹。原來神女廟裏有神女塑像，并嵌有宋玉的《神女賦》《高唐賦》等名篇，可惜今已蕩然無存。

從巫山來到奉節白帝城，時值盛夏高温，我儘量將馮先生安頓好，但當時房間裏都没有空調，一把吊扇在空中摇摇晃晃，馮先生暑熱難當，夜不能寐，索性起床，光着臂膀在我的畫室潑墨揮毫，寫梅花、荷葉各一本。隨後又隨手拿起一本刊物，上有陳老蓮句：『何以至今心愈小，只因以往事皆非。』馮老説好聯，即提筆書此以爲紀念。

在奉節時，時任縣委書記的何事忠將馮先生接到縣委二招。何書記是學中文的，重視地方文化，與馮先生談得很投機。馮先生那時候酒量不小，半斤八兩不在話下，酒酣時詩興大發，索紙揮毫，在場每人一幅。我記得那天晚上馮先生寫了十幾幅四尺整張的書法。

二〇〇七年夏，八十五歲高齡的馮其庸先生携夫人夏菉涓到三峽考察。與前兩次溯江而上不同，這一次馮老是應成都軍區屈政委的邀請，從成都經過重慶再到奉節，由湖北宜昌返回北京。馮先生這次重點考察的是三峽大壩蓄水後三峽變化以及庫區歷史文物的保護搶救現狀。這也是馮其庸先生六十花甲之後三到三峽。由此可見他對三峽的關注程度。

在奉節，馮先生考察了『大唐田夫人墓記碑』的出土地點。『大唐田夫人墓記碑』明確記載了田夫人葬於赤甲山（即今子陽山）。一直以來，關於杜甫寓居夔州所居之處，有三、四、五處之説，其中赤甲宅争論最大，馮老幾次考察都强調要重物證。該碑的發現，證明了杜甫赤甲宅詩『奔峭背赤甲』中所指的赤甲山就是今子陽山。這對杜甫夔州詩所提到的赤甲山、白鹽山以及赤甲宅的認定提供了珍貴的實物資料。

馮老還參觀了瞿塘關遺址博物館。站在烽火臺遺址，馮老極目遠眺，放眼四周，不盡長江滚滚來。赤甲、白鹽、瞿塘、白帝盡收眼底，不禁感慨萬端。馮老認爲，三峽蓄水後最大的變化，在於由動變静。馮老感嘆我籌資興建的瞿塘關遺址博物館，揮毫寫巨幅水墨葡萄以爲紀念，題詩一首并跋曰：

青藤一去有吴盧。傳到齊璜道已疏。
昨夜山陰大雪後，依稀夢見醉僧書。

丁亥暮春予三游瞿塘，初到瞿塘關遺址博物館，觀是館之文物形勝之奇，實乃天下第一館也，濡毫留墨，以爲他日重游之記。馮其庸八十又五。

返京後，馮先生又作《題瞿塘關》七律二首并書之以贈。現已上石，嵌於瞿塘關遺址博物館内：

一

烽烟鳥路瞿塘關。虎踞龍蟠巨壑間。
萬馬奔騰大江涌，千峰壁立雲岩頑。
瞿塘自古華陽鑰，灎澦從來絳闕虤。
天險而今成幻境，蓬萊三島俱等閑。

二

三到瞿塘景物鮮。平湖水碧緑如蓮。
夔門壁立依然在，白帝城周水拍天。
千古烽烟剩故壘，萬年相續有巫仙。
如今赤甲山前過，短碣憑君讀杜篇。

丁亥春予受魏君靖宇之邀，三游瞿塘。距昔日與君扁舟於夔門之下忽忽數十年。予老且衰矣，因爲賦二律，以存紀念云耳。馮其庸八十又五并書。

二〇一二年夏，中國美術館舉辦馮其庸九十詩書畫展，這也是馮老第三次在這裏舉辦展覽。我專程趕往瓜飯樓表示祝賀。

馮老欣然爲白帝城托孤堂撰寫丈二長聯一副，文辭與書法相得益彰，功深力厚，人書俱老：

鼎峙力薄，連營策短，幸尚有良臣可托付；

三顧恩深，兩表衷長，恨出師未捷身先亡。

這些年來，有賴於交通的方便，我經常往返北京，成了馮先生家中的常客，常去親近先生。一是向他請教文物考證以及書畫方面的問題，二是受他之托，收集三峽地區新近出土的文物資料，供他研究之用。馮先生的書畫，由於有深厚的傳統文化根基，又有長年積纍的筆墨功夫，深得二王及宋元人的筆法和青藤、八大、吴昌碩、齊白石的意趣，作品饒有金石味和書卷氣，十分耐看。馮老不僅書畫筆耕不輟，還寫了很多評介書畫篆刻家的文章。特別是對後生不以名分見高低，總是給予支持和鼓勵。去年，我將好友熊少華的《熊少華寫意花鳥册》帶給他看，他看後連聲感嘆，説地方還是有人才，隨即取筆題寫道：

筆墨不在多少，在乎有無意趣。觀熊君之作，筆簡意繁，格高韵古，是爲難得。雖世人不知，亦不减其高格也。且惟其不求人知，方不爲俗流所淹耳。寬堂馮其庸隨記，壬辰立冬日。

馮老看了我的水墨山水畫，題詩贊曰：

夢裏巫山十二峰。峰峰都有女神踪。飄渺更兼雲和雨，千載誰曾見本容。畫筆羨君多厚力，瞿塘灩滪入涵空。西陵淡墨神來處，烟雨嫏嬛現幻宫。

馮老治學既廣又深。恰如王世襄先生所作『寬堂可容萬象；名庸杰出千秋』一聯的評價。他於紅學、文史、戲劇、古文字、考古，乃至石刻造像、古陶瓷以及民間藝術均有涉獵，可謂『縱横百萬里，上下五千年』。馮老九十高齡，依然老驥伏櫪，樂而不倦。《瓜飯樓外集》，將帶給我們又一個驚喜。

二〇一三年十二月四日

後記

收在這本書裏的青花瓷，大部分是好友魏靖宇和他的女兒魏寧從四川三峽地區和重慶兩地收集到的，所以這些明青花還帶有一些地區的特色。書中有一小部分是我早年收藏的，『福』字碗較多。

這本書裏的青花瓷，從明洪武始，一直到崇禎，幾乎明各代都有，等於是一部明代民間青花的簡譜，也可以算是一部青花圖録。

青花，當然在明以後還在發展，整個清代到民國，直至現在，青花一直在生産，也一直在變。明青花是青花瓷發展過程中一個珍貴的階段。值得一提的是青花在現代，有了重大的發展。

二十世紀七十年代到八十年代，我有一位揚州的畫友，他叫陸履峻，這個名字也是我給他改的，我的意思是鼓勵他要敢於經歷艱難，克服險峻。後來，突然不知他的去向了，隔了有十來年，纔聽説他到了景德鎮，專門研究青花瓷畫。那時我在屯溪，就立即去景德鎮，終於找到了他。老友相見分外高興，他告訴我他來景德鎮已十多年，歷盡艱難，但在青花瓷上他有重大的發展，他用青花畫了不少瓷畫山水，他説不再只是墨分五彩，他在青花上可以做到墨分廿彩。我當時看了一些他燒製好的瓷畫山水，確實前所未見。他還告訴我，他在那裏創業很艱難，受到很多阻礙。我離開景德鎮後，很長時間沒有與他聯繫，有一年他突然來看我，帶來一件小瓷畫山水，有如册頁，畫得非常有神彩，有特色，他告訴我他在青花上又有發展。之後隔了很久，聽説他回揚州了，并在揚州開闢了燒製青花瓷的作坊，規模很大，作品受到國際上的歡迎。他還托人告訴我，他爲我燒製了一件他畫的大幅山水，因太大，不好拿，所以一直沒有拿來。實際上，青花瓷到了他的手裏，比起明清的青花瓷來，又有了極大的發展，他不僅是以瓷爲紙，創作山水，而且墨分廿彩，比畫在宣紙上别有特色，是一大創造。另外，他現在用的顔料，與明清時期的都不同，所以自然具有自己的時代特色。他曾告訴我説，如果單從顔色來説，用明代的顔料來畫，燒製後的顔色自然會一樣，但繪畫風格有時代的區别，所以即使顔色與明代的一樣，也會明顯地看出是現代的風格。當然，我希望我們時代的青花有我們時代的特色，何况青花到今天在他的手裏有這麽大的發展，是我們時代的驕傲。

從景德鎮回來後，到一九九七年，我曾贈他一首詩，現在把它録在下面，以爲紀念：

青花歌贈陸履峻

十年不見陸履峻，隱姓浮梁作瓷人。
畫筆新開青花徑，揮毫落墨生烟雲。
忽如石田廬山瀑，忽如石濤黄山雲。
忽如倪迂秋林晚，忽如大痴富江春。
烟霞萬重無窮意，坐對净瓷生白雲。
瓷片入手化作紙，墨分廿彩猶未盡。
嗟呼履峻何太苦，世途坎坷筆有神。
十年崚嶒登峻極，返顧蒼蒼所來徑。
元明青花俱往矣，請看新花滿園春。

二〇一四年二月十六日，舊曆甲午元宵後一日，寬堂九十又二